प्रभावपूर्ण प्रस्ताव लेखन

प्रभावपूर्ण प्रस्ताव लेखन

वासुदेव मूर्ति

SAGE | bhasha

Los Angeles | London | New Delhi
Singapore | Washington DC | Melbourne

Originally Published in 2006 in English by
SAGE Publications India Pvt Ltd as *Effective Proposal Writing*

This edition published in 2017 by

SAGE Publications India Pvt Ltd
B1/I-1 Mohan Cooperative Industrial Area
Mathura Road, New Delhi 110 044, India
www.sagepub.in

SAGE Publications Inc
2455 Teller Road
Thousand Oaks, California 91320, USA

SAGE Publications Ltd
1 Oliver's Yard, 55 City Road
London EC1Y 1SP, United Kingdom

SAGE Publications Asia-Pacific Pte Ltd
3 Church Street
#10-04 Samsung Hub
Singapore 049483

Published by Vivek Mehra for SAGE Publications India Pvt Ltd, typeset in 13/16 pt Kokila by Diligent Typesetter India Pvt Ltd, Delhi and printed at Chaman Enterprises, New Delhi.

ISBN: 978-93-528-0245-6 (PB)

Translator: Priyanka Talukdar (Content Respondus)
SAGE Team: Syed Husain Naqvi, Vinayak Dubey

मेरे छात्रों के लिए

विषय वस्तु

प्राक्कथन

क्या ज़्यादातर, आपके लिखे प्रस्ताव किसी को पसंद नहीं आते? या फिर, क्या आप अपना पहला प्रस्ताव लिखना चाहते हैं? शायद आप उन प्रस्तावों का उपयोग करना चाहें, जो किसी और ने आपके लिए लिखे हों?

कितने भाग्यशाली हैं आप, अगर जो व्यक्ति हवाई जहाज़ में आपके पास बैठा हो, वह सालों से सफलता के साथ प्रस्ताव लिखने में माहिर हो और जो वक़्त आपको लन्दन से बर्लिन तक पहुंचने में लगे, उसी में आपको वह प्रस्ताव लिखने के कामयाब तरीके सिखा दे! हाँ ठीक है! शायद वह हवाई जहाज़ में आपके बगल में न बैठे हों, पर वासुदेव मूर्ति की पुस्तक एक बेहतरीन विकल्प के रूप में काम करती है।

संक्षिप्त, प्रायोगिक और अपने दिलचस्प लेखन के साथ, मूर्ति की यह पुस्तक प्रस्ताव लेखन के कई महत्त्वपूर्ण रहस्य हमें सिखाती है। क्यों, कैसे, किन लोगों के साथ, किस प्रारूप में प्रस्ताव रखें, यहाँ तक की यह पुस्तक प्रावरण पत्र (cover letter), मूल विषय वस्तु (content), कार्यकारी सारांश (executive summary) इत्यादि भी लिखना सिखाती है। इस पुस्तक के द्वारा, आप सीख पाएंगे, कौशल के साथ व्यवसाय-संबंधी प्रस्ताव लिखना जो दृढ़ता से आपकी संस्था की विश्वसनीयता और आपकी योग्यता तथा ग्राहकों की ज़रूरतों को पूरा करने की कार्यसाधकता प्रमाणित कर पाए।

इस पुस्तक को पढ़ने के बाद मुझ में प्रस्ताव लिखने की ज़बरदस्त इच्छा जाग उठी है। मुझे विश्वास हो गया है कि मैं भी बढ़िया प्रस्ताव लिख सकता हूँ! अगर आप काफी सारे प्रस्तावों को लिखते हैं या पढ़ते हैं, तो प्रतियोगिता के इस दौर में यह पुस्तक आपके और आपके सहकर्मियों के लिए बहुत महत्वपूर्ण साबित हो सकती है! अगर आप किसी बिजनेस स्कूल

या इंजीनियरिंग कॉलेज के शिक्षक हैं, तो आप अपने छात्रों को यह पुस्तक पढ़ने को ज़रूर कहें। हर एमबीए छात्र के पास इस पुस्तक की एक प्रति ज़रूर होनी चाहिए!

ब्लेक आइव्स

डायरेक्टर, आईएस रिसर्च सेंटर

सी. टी. बावर चेयर इन बिज़नेस लीडरशिप

इनफॉर्मेशन सिस्टम्स रिसर्च सेंटर

सी. टी. बावर कॉलेज ऑफ़ बिज़नेस

ह्यूस्टन विश्वविद्यालय

प्रस्तावना

अच्छे लेखन का सूत्र और मूलस्रोत, बुद्धिमानी युक्त सोच में है।

– क्विंटस हॉर्ट्यूस फ़्लाकूस (हॉरेस) (65 ई.पू.-8 ई.पू.)

यह पुस्तक केंद्रित है प्रस्ताव लेखन की व्यावहारिक समस्याओं पर।

एक प्रस्ताव एक अनोखी रचना है; यह एक औपचारिक और प्रबोधक लेखन का सर्वोच्च प्रकार है, जिसे किसी की इच्छाओं और ज़रूरतों के अनुसार लिखा जाता है। जैसे, अगर किसी को कोई काम पूरा करना हो, या फिर अगर किसी के पास किसी उचित उद्देश्य के लिए पैसे हों। अब ऐसे एक व्यक्ति को कोई कैसे यह यकीन दिलाये कि आपकी संस्था इस कार्य के लिए सबसे उपयुक्त है? क्या कहना है और क्या नहीं कहना? जो कहना है वह कैसे कहना है?

चाहे वह कोई सॉफ्टवेयर कंपनी हो या फिर कोई व्यापार की खोज में प्रबंधन सलाहकार संगठन (management consultancy) हो, एक एनजीओ हो या फिर अन्वेषण निधि की खोज में रहने वाले अध्येता हों, एक प्रस्ताव के साथ हम किसी के भी सामने अपने खुद की योग्यता व प्रयोजन का प्रदर्शन कर सकते हैं। विवरण पर ध्यान देना बहुत महत्वपूर्ण है।

पढ़ने वाले को आपकी विशेषज्ञता, तजुर्बा तथा नियमशील सोच और उन सभी चीज़ों का प्रमाण चाहिए, जो आपके कौशल का विवरण दे पाएँ।

इस पुस्तक का मूल विषय, मुख्य तरह से आधारित है निम्नलिखित तत्त्वों पर:

- सलाहकार (consultant) और प्रबंधक (manager) के रूप में काम करते वक्त निजी अनुभव पर,
- बहु वर्षों तक, भारतीय प्रबंध संस्थान (Indian Institute of Management), बैंगलोर में, प्रबंधन तत्त्व परामर्शी श्रेणी के प्रोफ़ेसर (Professor of Elements of Management Consulting) रहते वक़्त मिले अध्ययनकक्ष अनुभवों पर (पाठ्यक्रम के अध्ययन के अनुसार, छात्रों को सलाहकारी दल बनाकर असली परियोजना में असली ग्राहकों के सामने प्रस्ताव रखने के बाद, वास्तविक रूप में उनका काम करना पड़ता है), और
- प्रस्ताव लिखने और पढ़ने वालों के साथ की गयी चर्चाओं पर।

यह सिर्फ एक स्थाई संदर्भ नहीं है। यह पुस्तक पाठक को कई ऐसे नियमों से परिचित कराती है, जिन्हें ध्यान में रखना चाहिए, भले ही वह बाद में अपनी ज़रूरतों के हिसाब से उन नियमों का रूपांतर क्यों न करें।

मैं उन सभी को तहे दिल से धन्यवाद देना चाहूंगा जिनके सहयोग से मैंने इस पुस्तक को लिखा है।

- सी. टी. बावर कॉलेज ऑफ़ बिज़नेस, ह्यूस्टन विश्वविद्यालय, के इनफॉर्मेशन सिस्टम्स रिसर्च सेंटर के प्रोफ़ेसर ब्लेक आइव्स को, जिन्होंने इस पुस्तक का प्राक्कथन लिखा है। शायद उन्हें भी नहीं पता होगा कि उन्होंने किस स्तर तक मुझे प्रेरित किया है!
- भारतीय प्रबंध संस्थान, बैंगलोर में पढ़ने वाले मेरे छात्रों को, जिन्होंने प्रयोग में अपनी उत्सुकता दिखाई और अस्तव्यस्तता का आनंद उठाया! विशेष कर के नितिन शर्मा, रम्या वासन, सम्राट घोष, एस. आर. राजू, टी. सत्यनारायण, शंकर नरसिम्हन, मनीष शर्मा और राहुल चौबे को मैं शुक्रिया कहना चाहूंगा।
- भारतीय प्रबंध संस्थान, बैंगलोर के निदेशक, प्रो. पी. जे. आप्टे और इसी संस्था के प्रो. राज बंदी को।
- सुनीता राव और आशीष सेन को उनकी सहयोग और चपल मेहरा को उनके प्रोत्साहन के लिए।

- मेरी पत्नी विद्या को, जिसने धैर्यपूर्वक इस पुस्तक की समीक्षा करते हुए, काफी सारे सकारात्मक सुझाव दिए।
- सेज पब्लिकेशंस के संपादकों को जिन्होंने मुझे प्रोत्साहित किया और जब भी मैंने लिखना बदं किया या फिर जब भी मैं सोता हुए पाया जाता था, मुझे छड़ी भी दिखाई!

वासुदेव मूर्ति

अध्याय 1

भूमिका

वह हर चीज़ अनजान है, जिसे हम करना नहीं जानते।

सर आर्थर एडिंग्टन (1882–1944)

आप यह पुस्तक शायद दो कारणों की वजह से पढ़ रहे हैं।

आप को बहुत कम समय में एक प्रस्ताव लिखना है और आपको इसका बिल्कुल भी अंदाज़ा नहीं कि आप इसकी शुरुआत कहाँ से करें। आपको, अपने आप को बुद्धिमान प्रमाणित करते हुए, विभिन्न लोगों से सटीक प्रश्न करने हैं। उसके बाद, सारे एकत्रित किये हुए जानकारी को व्यवस्थित कर के, किस तत्त्व का उपयोग करें और किसका नहीं, यह निर्णय करते हुए, वास्तव में एक प्रस्ताव लिखना है।

अथवा,

किसी ने आपको बहुत सारे लिखित प्रस्तावों को दे कर, बहुत कम समय में उनका मूल्यांकन करने को कहा है। आपको यह प्रमाणित करना है कि आप अपने ज्ञान का प्रयोग करते हुए बहुत जल्दी उचित, पेशेवर सलाह दे सकते हैं, बिना यह कहे कि, "चलो, वह प्रस्ताव मंज़ूर करें, जो सबसे सस्ती हो।"

आइये, इस बात की तह तक जाते हैं।

- **परिस्थिति एक**

  प्रबंधकर्ता: सब कुछ छोड़ के, एपेंक्स पाइप्स के लिए, एकदम शुरुआत से कैसे ई. आर. पी पदार्थ बना सकते हैं, इस पर एक प्रस्ताव लिखो! अपनी छुट्टियाँ को भूल जाओ! हमारी संस्था का भविष्य अब इस प्रस्ताव पर निर्भर करता है!

  आप: ठीक है, महोदय!

  प्रबंधकर्ता: इस बार दूसरों से मुकाबला तगड़ा है! अगर कुछ बहुत अच्छा नहीं लिख पाए तो हम मुसीबत में होंगे! और तुम भी! समझ गए?

  आप: ठीक है, महोदय!

प्रबंधकर्ता: मुझे चार घंटों में प्रस्ताव का प्रालेख तैयार चाहिए और कल सुबह तक हम इसे जमा कर देंगे! समझे?

आप: ठीक है, महोदय!

प्रबंधकर्ता: और मुझे वो कॉपी-पेस्ट वाले, यहां-वहां से नकल किए गए काम नहीं चाहिए जो हमें परेशानी में डालते हैं। मौलिकता और संपूर्णता होनी चाहिए। कोई प्रश्न?

और शायद यहाँ पर आपको पूछना नहीं चाहिए कि, "माफ कीजिए, पर यह प्रस्ताव होता क्या है?"

- **परिस्थिति दो**

  आपसे कहा गया है कि आप कुछ प्रस्तावों का मूल्यांकन करें और आपको नहीं पता की वह कैसे करते हैं।

प्रबंधकर्ता: सुनो! आंतरिक दल-गठन अभ्यास योजना पर लिखे प्रस्ताव आ गए हैं। मैं चाहता हूँ तुम प्रखरता से उनका सटीक मूल्यांकन करो और शाम तक किसी निर्णय तक पहुँचो। और सुनो ज़रा ध्यान से देखना!

आप: ठीक है, महोदय!

प्रबंधकर्ता: एक और बात है। मेरे भाई की संस्था ने भी प्रस्ताव रखा है। वह लोग नए नए आए हैं। उनका अनुभव विनिर्माण क्षेत्र में हैं और उनका शुल्क 75 प्रतिशत ज़्यादा है। पर मुझे लगता है वह काफी अच्छे हैं! बहुत, बहुत अच्छे! उन्हें एक मौका देना चाहिए। जो भी हो, मेरी कही हुई बातों से ज़्यादा प्रभावित मत होना। हम एक व्यावसायिक संगठन हैं। एक ही दल! एक ही परिवार!

आप: बिलकुल, महोदय!

कोई आपके अंदर चीख रहा है, "अब मैं क्या करूँ?"

और ऐसे ही चलता रहेगा!

आपके जीवन में, बार-बार, विभिन्न पृष्ठभूमियों में, ऐसी परिस्थितियां आती रहेंगी। और आप- हाँ आप- ऐसी किसी परिस्थिति में पड़ना नहीं चाहेंगे! कौन सहायता करेगा आपकी ऐसे वक़्त में?

हम यहाँ से एक अच्छी शुरुआत कर सकते हैं!

यह पुस्तक एक कोशिश है, औपचारिक बिज़नेस क्रिया के सबसे महत्त्वपूर्ण हिस्से, प्रस्ताव लेखन के रहस्यों पर से पर्दा उठाने की।

इस पुस्तक को पढ़ने के बाद लिखा हुआ कोई भी दस्तावेज़, खुद ब खुद किसी नए व्यापार को उत्पन्न नहीं करेगा, न ही यह किसी आर्थिक अनुदान की स्वीकृति दिलाएगा। एक प्रस्ताव को औपचारिक रूप में स्वीकारने से पहले, कई लोगों के साथ बातचीत करनी पड़ती है और कई सारे अप्रत्याशित अधिकरण-संबंधी मुद्दों को, जो किसी विशिष्ट परिस्थिति से जुड़े हों, दिमाग में रखना पड़ता है। जैसा कि हमने द्वितीय परिस्थिति में देखा, अन्य दबाव डालने वाले तत्त्व मामले को और भी जटिल कर सकते हैं!

पर इस पुस्तक को पढ़ने के बाद, शायद आप एक सुवाच्य और पेशेवर दस्तावेज़ लिख पाएं, जिसे गंभीरता से लिया जा सके। और आपको यह ज़रूर पता चल जाएगा कि प्रस्तावों का मूल्यांकन करते वक़्त किन तत्वों पर ध्यान देना चाहिए।

व्यावसायिक परिप्रेक्ष्य में एक प्रस्ताव एक ऐसा विस्तृत दस्तावेज़ है, जो हर क्षेत्र की गहराई तक जाए।

यह व्यापारिक प्रस्ताव के अंतिम चरण में काफी महत्वपूर्ण साबित हो सकता है।

1. लेकिन एक प्रस्ताव है क्या?

किसी के अनुभव या उद्देश्य के हिसाब से, एक प्रस्ताव एक सरल लिखित दस्तावेज़ हो भी या नहीं भी हो सकता है। क्या यह सिर्फ एक वित्तीय सुझाव है? या फिर, क्या यह ऐसा एक दस्तावेज़ है जो यह प्रमाण करते हुए कि आप अपनी समस्याओं का समाधान करना चाहते हैं, आपकी योजना का वर्णन करता है? अथवा, क्या यह पाठक को यह समझाता है कि आप एक निर्दिष्ट समय में कितना कुछ हासिल कर सकते है और क्यों आपका प्रत्यय पत्र (credentials) दूसरों से बेहतर है?

इससे आगे बढ़ने से पहले, आईये हम स्पष्ट रूप से एक प्रस्ताव को समझें।

मेरियम वेबस्टर के शब्दकोष में, प्रस्ताव का अर्थ कुछ इस तरह से दिया गया है:

> प्रस्ताव (संज्ञा)
>
> 1. किसी चीज़ पर विचार करने के लिए उसे प्रस्तुत करने का या उसका विवरण देने का कार्य
>
> 2. (अ) कुछ प्रस्तावित करना: सुझाव; (ब) पेशकश;

ऊपर दी गई परिभाषा के अनुसार, एक प्रस्ताव एक ऐसा कार्य है जो दो ऐसे संस्थायों को संयुक्त करता है, जिन दोनों को ही प्रस्ताव स्वीकारने पर किसी तरह का लाभ हो। कुछ उदाहरण:

- मैं शादी का प्रस्ताव रखता हूँ ('क्या तुम मुझसे शादी करोगी?')। हम हमेशा खुश रहेंगे।
- आपकी संस्था के लिए, हम एक प्रशिक्षण कार्यक्रम (training programme) संचालन करने का प्रस्ताव रखते हैं। हम इस क्षेत्र में काफी अनुभवी हैं।
- आपके व्यापार के नए उत्पादनों के लिए हम एक विज्ञापन अभियान शुरू करने का प्रस्ताव रखते हैं। हमारे रचनात्मक गुरू दुनिया में सर्वश्रेष्ठ हैं। और हम बहुत किफायती भी हैं!
- हम आपको, आपके संगठन के पुनर्गठन में सहायता करने का प्रस्ताव रखते हैं। हमें पता है कि आपको इसकी ज़रूरत है क्योंकि एक विलीनीकरण (merger) हुआ है।
- कर्नाटक के दो ग्रामीण जिलों में हम वयस्कों के लिए कंप्यूटर शिक्षा को चालू करने का प्रस्ताव रखते हैं। हम इस क्षेत्र में अनुभव रखने वाली एक एनजीओ हैं।
- भारतीय मानसून का अनुमान लगाने के लिए मैं एक नए गणित तंत्र के निर्माण का प्रस्ताव रखना चाहूँगा। इसके लिए, मुझे नवीनतम सुपरकम्प्युटर और सॉफ्टवेयर खरीदने तथा अनुसंधान कर्मचारियों को नियुक्त करने के लिए काफी पैसों की ज़रूरत होगी।

इस संदर्भ में पहला उदाहरण सही नहीं है-और कोई भी पुस्तक ऐसे महत्वपूर्ण विषय पर सतही सलाह से ज्यादा कुछ नहीं दे सकती! इसी समझ को परिष्कृत करके, हम हमारे उद्देश्य के अनुसार ऐसी ही समरूप परिस्थितियों का विचार कर सकते हैं।

प्रस्ताव रखने के लिए दो तरह के लोगों की ज़रूरत होती है-जो प्रस्ताव लिखता है (लेखक) और जो उसे पढ़ता है (पाठक)।

लेखक इस कोशिश में रहता है की पाठक उसका प्रस्ताव मंज़ूर करले। उसी तरह से, पाठक को यह यकीन होना चाहिए कि रखा गया प्रस्ताव हर तरह से पूर्ण है और उसकी समस्या का एक स्वीकार्य समाधान देता है।

> एक प्रस्ताव, किसी ऐसे कार्य को करने में दिलचस्पी दिखाने का औपचारिक विवरण है, जिसमे व्यावसायिक निपुणता की ज़रूरत हो। वह उत्पाद केंद्रित हो भी या नहीं भी हो सकता है।

अगर हम यह मान के चलें कि लेखक और पाठक, दोनों को इस दस्तावेज़ में दिलचस्पी—संभवतः व्यावसायिक—है, जो किसी हद तक सही है, तो हमें यह समझना चाहिए कि वह प्रस्ताव एक बहुत ही गोपनीय संलेख है। इसीलिए उसे लिखते, रखते और मंज़ूर होने या न होने के बाद भी, नियंत्रित और सीमित पहुँच में रखना चाहिए। इसका कारण यह है कि, एक प्रस्ताव में कुछ ऐसे तत्त्व हो सकते हैं जिनपर किसी और का मालिकाना हो या फिर जो किसी और के लिए, प्रस्ताव के निष्क्रिय होने के बावजूद, महत्वपूर्ण हों।

एक प्रस्ताव के यथार्थ प्रारूप का विवरण इस पुस्तक के चौथे अध्याय में दिया गया है।

2. एक प्रस्ताव की ज़रूरत किसे है?

कभी-कभी एक संस्था एक ऐसी परिस्थिति के सम्मुख होती है जहाँ उसे कुछ औपचारिक उद्देश्यों को पूरा करना होता है, पर यह वह कर नहीं पाती, अथवा करने में इच्छुक नहीं होती या उसके पास वह कार्य करने की कानूनी अनुमति नहीं होती। यह कुछ उदाहरण हैं:

- लंदन में सीवाईएनसी उत्पादों को निर्देश-निर्मित (custom-made) सॉफ्टवेयर की ज़रूरत पड़ती है। इस सॉफ्टवेयर-उत्पादन कार्य के लिए एक संस्था शायद अपने खुद का उप-विभाग न खोलना चाहे अथवा शायद उसे लगे कि अलग से सॉफ्टवेयर-अभियन्ताओं को नियुक्त करके उन्हें पारिश्रमिक देना महंगा पड़ेगा। तब यह संस्था, सॉफ्टवेयर बनाने वाले संगठनों को, यह काम करने के लिए प्रस्ताव रखने को कहती है।
- डैलस की अंतरमहाद्वीपीय एयरलाइंस चाहती है उनके कम महत्वपूर्ण व्यापारिक तत्वों को बाहरी स्रोत से प्राप्त करना। वह ऐसे किसी से अपने नई फ्रिक्वेंट-फ्लायर (अक्सर उड़ान भरने वाले) योजना का संचालन करवाना चाहती है जो कार्यालय की सूचना प्रणाली के कामों में माहिर हों और जिसके पास यह काम करने के लिए ज़रूरी आधारिक संरचना तैयार हो। किसी कार्य को क्यों दोहराएं? क्यों न ऐसी संस्थाओं को ढूँढ़ें जो इस तरह का काम कर चुकी हैं और उन्हें प्रस्ताव रखने को कहें?
- थाईलैंड में एक सरकारी संस्था, एनजीओ और सामाजिक वैज्ञानिकों को एड्स जागरूकता जैसी विशिष्ट योजनाओं के लिए, पैसे देना चाहती है। सरकार के पास ऐसी विशिष्ट योजनाओं का भार लेने का तजुर्बा या क्षमता नहीं है। इसीलिए वह किसी एनजीओ को इसकी ज़िम्मेदारी देना चाहती है। शायद वह एनजीओ को प्रस्ताव रखने को कहने वाले विज्ञापन दे या प्रस्ताव निवेदन पत्र[1] (रिक्वेस्ट फॉर प्रपोजल-आरएफपी) का प्रकाशन करे।
- सिंगापुर में मार्क संगठन को दूसरी एक संस्था के साथ प्रस्तावित विलयन के बाद, नई संरचना को बनाने के लिए, सहलाकारों की ज़रूरत है। शायद यह संस्थाएँ व्यापारिक वृद्धि के लिए विलय होना चाहती हैं। उन्हें शायद मदद चाहिए ऐसी एक नई संरचना को स्थापित करने में जो प्रशासन, अर्थव्यवस्था, मानव संसाधन, संस्कृतियां, इत्यादि को प्रभावित करने वाले एकाधिक तत्वों को संभाल पाए। क्यों न हम सलाहकारी संस्थाओं को इस काम के लिए प्रतियोगी प्रस्ताव रखने को कहें?

[1] अध्याय 2 में निवेदन पत्र पर और जानकारी मौजूद है।

- नई दिल्ली मैकक्कॉर्मिक एंड कंपनी एक प्रकाशन संस्था है जो दैनिक संपादन के काम के लिए लोगों को बाहरी स्रोत से प्राप्त करना चाहती है। इस संस्था ने यह निर्णय लिया है कि यह ऐसे कामों के लिए अपनी खुद की संपादकों और प्रूफरीडर्स की फ़ौज नहीं बनाएगी। यह एक या एकाधिक संपादन का काम करने वाले संस्थाओं को यह ज़िम्मेदारी देगी। इसीलिए, यह शायद प्रीमियर संपादकीय सेवा से इस काम को करने के लिए प्रस्ताव रखने को कहे।
- ऑस्टिन में एपेक्स टेक्नोलॉजीज एक नयी उच्च प्रोद्यौगिकी संगठन है, जो चाहती है कि कोई वेंचर कैपिटलिस्ट (जोखिम उठाने वाले पूँजीवादी) उसमें अपने पैसे लगाएं। इसके लिए इस संगठन को एक सुविचारित प्रस्ताव लिखना होगा जो यह प्रमाण कर पाए कि क्यों यह निवेश, वेंचर कैपिटलिस्ट्स के लिए लाभदायक होगा।

3. किसे प्रस्ताव लिखने की ज़रूरत है?

अब जब हमें यह पता है कि किसे प्रस्ताव मूल्यांकन करने की ज़रूरत है, आईए हम और अच्छे से समझें कि किसे प्रस्ताव लिखने की ज़रूरत है। कुछ उदाहरणों को देखते हैं:

- व्यापार की खोज में रहने वाली कोई एक आईटी संस्था शायद एक सम्मोहक प्रस्ताव लिखना चाहे जो यह विवरण दे कि क्यों किसी ग्राहक को उनके साथ ही काम करना चाहिए। प्रस्तुतिकरण हो चुका है, दूरभाष पर सम्मेलन हो चुका है, काफी सारी दावतों का आयोजन भी हो चुका है-पर, अंत में ऐसे एक दस्तावेज़ की ज़रूरत है जो विभिन्न अनुभवों और निहितार्थों की सूची बनाकर विधि पूर्वक यह समझा पाए कि क्या काम किया जाएगा।
- एक एनजीओ, जिसे निधि की ज़रूरत है, शायद फंडिंग एजेंसी को यह यकीन दिलाना चाहे कि वह योग्यता और व्यावसायिकता के साथ, प्रभाव को अधिकतम करते हुए, निधि का उपयोग कर सकती है। फंडिंग एजेंसी को यह विश्वास दिलाना है कि यह एनजीओ एक अनुभवी, प्रतिष्ठित और व्यावसायिक संस्था है जो अपने कामों को पूरा करने की क्षमता रखती है।

- व्यापार की खोज में रहने वाला एक सलाहकारी संगठन, समरूप क्षेत्रों में अपनी पिछली अनुभवों और अपने सक्षम सहलाकारों, इत्यादि को विशिष्ट रूप से दर्शा कर, अपने ग्राहक के निर्णय को प्रभावित करने की कोशिश करता है। सलाह देना एक अमूर्त काम है। इसके परिणाम को कैसे नापा जाए? यह निर्भर करता है कि वह, आश्वासन से भी आगे जा कर, गोपनीयता रखने के बारे में कितना संवेदनशील है। यह ज़रूरी है कि सलाहकार संगठन, पहले से ही अंदाज़ा लगाकर, ग्राहक की संस्था से उठाये जाने वाली हर मुमकिन असम्मति को प्रत्यक्ष रूप से अपने प्रस्ताव में संबोधित करे और उसका समाधान दे।
- एक एकदम नई कंपनी, जो सोशल मीडिया की लहर का लाभ उठाना चाहती है, एक रूढ़िवादी कंपनी के सामने उसकी सोशल मीडिया 'संपत्तियों' को संभालने का प्रस्ताव रखती है। उन्हें अपनी तकनीकी क्षमताओं और नवोदित क्षेत्र में अपेक्षाकृत कम उपलब्धियों को उन वरिष्ठ लोगों के सामने रचनात्मक तरीके से प्रस्तुत करने की आवश्यकता होगी जिन्हें शायद सोशल मीडिया की बारे में जानकारी न हो या वे बिजनेस पर उसके संभावित प्रभाव से अंजान हों।
- निधि की तलाश में रहने वाले एक प्रोफ़ेसर को, निम्नलिखित बातों को विस्तृत रूप में बताना पड़ता है। अतीत में उन्होंने ऐसा क्या किया है की अब उन्हें यह मौका दिया जाए? उनका प्रत्यय पत्र क्या है? उनके किये गए निधिबद्ध अनुसंधान का परिणाम क्या होगा? यह मान कर कि इस अनुसंधान के लिए एक प्रस्तावित कार्यवाही की योजना है, इस काम का दीर्घकालीन महत्व क्या होगा? अतीत में कैसे उन्होंने निधि का उपयोग किया था, क्या इसका उनके पास कोई लिखित प्रमाण हैं?

एक अच्छे से तैयार किये हुए, सम्मोहक प्रस्ताव के बिना, उन्हें सहानुभूतिपूर्ण सहायता मिलना मुश्किल है। खासतौर से,

- प्रकल्प स्वीकार न किये जाने पर, निराश प्रोफ़ेसर शायद यह कहें कि, *"अधिकारी तंत्र (bureaucracy) को मेरे काम के महत्व की कोई समझ नहीं! यह सब निर्भर करता है सिर्फ़ ऊपर तक की आपकी पहुँच पर! मैं सोच रहा हूँ कि अमेरिका चला*

जाऊं, जहाँ योग्यता सराही जाती है!" यह बात तो सही है प्रोफ़ेसर जी, पर अमरीका में भी निधि प्राप्त करने के लिए आपको प्रस्ताव रखना होगा! और उस प्रस्ताव का प्रारूप और रखने की प्रक्रियाएं और भी जटिल होती हैं।

- वह आईटी संस्था, निराशा के साथ, अपने प्रतिद्वंद्वी को जीतते हुए देखती है। इस प्रकल्प का नेतृत्व करने वाले, व्यापारिक विकास प्रबंधक अपने मालिक से शिकायत करते हैं कि उनकी दी गयी सलाह को उपेक्षित किया गया था। *"मैंने आपसे कहा था कि हमें और विवरण देने की ज़रूरत है। और मूल्य निर्धारण पर दी गयी मेरी सलाह को नज़रअंदाज़ किया गया। तो अब, मैं क्या कर सकता हूँ?"* मालिक गुस्से से जवाब देते हैं, *"तुम्हे और बड़ा सोचना चाहिए! हमें एक लाभदायक संस्था चलानी है। तुम्हे अपने संपर्क कर्मियों को अपने प्रतिद्वंद्वी की कमज़ोरियों के बारे में बताना चाहिए था!"*
- आतंकित होकर वह एनजीओ एक छोटे से प्रतिद्वंद्वी को प्रकल्प हासिल करते हुए देखेगा। एनजीओ समुदाय बहुत छोटा है। हारा हुआ एनजीओ यह कहता है कि उसे धोखा दिया गया है। पर क्या फंडिंग एजेंसी इतनी बेवक़ूफ़ है कि दूसरों की बातों में आ जाए? कहीं समस्या, रखे गए प्रस्ताव में तो नहीं? निधि संगठन ने ऐसा क्यों कहा कि बताये गए पिछले अनुभवों को साबित करने के लिए पर्याप्त प्रमाण मौजूद नहीं हैं? कहीं यह कोई इशारा तो नहीं?
- सलाहकारी संस्था को अपने प्रश्नों का जवाब नहीं मिलेगा या फिर सिर्फ बात को टालने वाले उत्तर मिलेंगे (*"हम यह प्रकल्प कुछ दिनों के लिए स्थगित कर रहे हैं"*)। फिर क्यों आपके प्रतिद्वंद्वी ने इसी प्रकल्प को पाने के बारे में प्रेस विज्ञप्ति दी है?
- सोशल मीडिया स्टार्टअप शायद मुश्किल में पड़ जाए जब उससे आरओआई और रोड-मैप (योजना) के बारे में पूछा जाए। शायद उम्मीदवार कंपनी का मार्केटिंग विभाग पुराने तरीकों पर ही भरोसा करे और सोशल मीडिया संभालने की जिम्मेदारी किसी विज्ञापन कंपनी को दे, जो कि एक विशिष्ट लेकिन गलत तरीका होगा।

साफ़-साफ़, एक प्रस्ताव एक बहुत महत्वपूर्ण दस्तावेज़ है जिसे वैज्ञानिक दृष्टिकोण से विचारना पड़ता है। यह लेखक और पाठक दोनों पर लागू है।

प्रस्ताव को लापरवाही से लिखना या उसका बेपरवाही से मूल्यांकन करना भारी पड़ सकता है। गुणवत्ता आश्वासन और गुणवत्ता नियंत्रण बहुत ज़रूरी हैं। प्रस्ताव लेखन या मूल्यांकन को अंतिम क्षण के लिए नहीं रखना चाहिए। दुर्भाग्यवश, वास्तविक दुनिया में प्रस्तावों को कई खामियों के साथ, बिना किसी प्रक्रिया के, 'कॉपी-पेस्ट' तरीके के साथ तैयार किया जाता है।

4. एक प्रस्ताव का जीवन चक्र

एक प्रस्ताव की वैधता अवधि छोटी होती है, हालांकि उसके कुछ भागों को बाद में कहीं और भी इस्तेमाल किया जा सकता है। एक प्रस्ताव ज़रूरत के मुताबिक बनाया हुआ एक ऐसा दस्तावेज़ है जो किसी विशिष्ट और अनोखी परिस्थिति को सम्बोधित करता है। यह दूसरे दस्तावेजों की तरह बदलाव या रूपांतरण से नहीं गुज़रता[2]। इसके स्वीकार या अस्वीकार होने के बाद, जब यह अवैध हो जाता है, तब भी इस में लिखे गए विषय वस्तुओं को गोपनीय रखना ज़रूरी है। अगर एक प्रस्ताव स्वीकृत होता है, तो कुछ और कानूनी निहितार्थ भी इस पर लागू होंगे, जिन्हें हम इस पुस्तक में बाद में पढ़ेंगे।

बहुत सीधे शब्दों में कहें तो, एक प्रस्ताव तब बनाया जाता है जब यह निम्नलिखित शर्तें लागू हों:

- किसी को कोई काम करवाने की ज़रूरत है, जिसके लिए उसने दूसरों से प्रस्ताव रखने का निवेदन (रिक्वेस्ट ऑफ प्रपोजल) ई-मेल या फिर किसी विश्वसनीय मौखिक स्रोत के द्वारा दिया है। हम बाद में कुछ और उदाहरणों को देखेंगे।
- आपके पास इस काम को पूरा करने की योग्यता और इच्छा है।
- आप यह मानते हैं कि इस काम को पूरा करने में आपका आर्थिक या अनुभवात्मक लाभ है।

[2] यह ज़रूरी है कि सॉफ्टवेयर के उपयोक्ता नियमावली और मानव संसाधन नीति का, बदलते हुए तत्वों के अनुसार, लगातार अद्यतन किया जाए।

- आप यह निर्णय लेते हैं कि, एक दस्तावेज़ के द्वारा अपनी क्षमता और इस काम को लाभदायक तरीके से पूरा करने की योजना का विवरण दे कर, इस अवसर को हासिल कर के ही रहेंगे!

एक प्रस्ताव रूप लेना तब शुरू करता है जब कुछ लोग विभिन्न तत्वों को एक कड़ी में जोड़ने की कोशिश करते हैं। इस वक़्त के दौरान, इस दस्तावेज़ को नए तत्वों और राय के अनुसार बदला भी जा सकता है।

जिस संगठन को काम करवाना है उसे, प्रस्ताव रखने वाले संगठन की योग्यता, अनुभूति, काम पूरा करने का तरीका, संबंधित लोग, लगने वाला समय और खर्चे को अच्छी तरह से समझना ज़रूरी है।

आपके प्रस्ताव में, यह सब जानकारियां विस्तृत रूप में लिखी होनी चाहिए।

अंततः एक प्रस्ताव अशक्त हो जाता है जब निम्नलिखित में से कोई एक स्थिति होती है:

- उसे अस्वीकार किया जाता है। यह तब होता है जब पढ़ने वाले को निम्नलिखित कारणों की वजह से यह लगे कि रखा हुआ प्रस्ताव नाकाफी है:
    - वाणिज्यिक नियम एवं शर्तें।
    - समस्या के समाधान का असंतोषजनक विवरण।
    - काम को पूरा करने में लगने वाला अव्यावहारिक समय।
    - प्रस्ताव रखने वाले संस्था के विस्तार पर ध्यान और काम की गुणवत्ता पर सवाल उठाता हुआ लापरवाह और अव्यावसायिक प्रस्तुतिकरण।
    - काम को पूरा करने की क्षमता का सबूत या पिछले किसी काम को सही तरीके से पूरा करने का पर्याप्त प्रमाण न होना।
    - संगठन का संदिग्ध और साफ-साफ अतिरंजित प्रत्यय पत्र।
    - अवैध पक्ष जुटाव, अतीत में इस संगठन के साथ काम करने की ख़राब अनुभूति या फिर ऐसा ही कोई और कारण।
    - व्यापार या कानूनी परिवेश में बदलाव की वजह से प्रस्ताव स्वीकार न कर पाना।

- अवैध परितुष्टि, अव्यावसायिक पक्षपात और ऐसे ही कुछ और कारण, जिनको नियंत्रण में करने का उपाय प्रस्ताव रखने वाले संगठन के पास नहीं है।

- इस तरह से परिस्थिति बदलती है:
  - उस व्यापार अवसर का ख़त्म हो जाना।
  - आर्थिक रूप से लाभदायक न होना, रुचियों का भेद, मुख्य कर्मचारीगण का अनुपलब्ध रहना इत्यादि जैसे कुछ और कारण जिनके बारे में पता चलने के बाद आप को यह काम समय की बर्बादी लगने लगता है, और आप प्रस्ताव न रखने का निर्णय लेते हैं।

- सरकार, इस व्यापार का कानूनी और व्यावसायिक परिवेश को प्रभावित करते हुए, एक अधिसूचना इत्यादि जारी करती है।

- अगर आपकी इच्छा के अनुसार, प्रस्ताव को स्वीकार किया जाता है, तो आप कानूनी अनुबंध बनाकर, काम को अंजाम देने में जुट जाएंगे।

अध्याय 2

प्रस्ताव लिखने की तैयारी

किसी और चीज़ से पहले, तैयारी सफलता की कुंजी है।

– अलेक्जेंडर ग्राहम बेल (1847–1922)

किसी संस्था के पास किसी नए अवसर को ढूंढ निकालने का कोई औपचारिक तरीका नहीं होता। एक अवसर, जिसके बारे में सभी या कुछ गिने चुने लोगों को पता है, उसे ढूंढ निकालने का काम विपणन विभाग अथवा बिक्री समूह का होता है। फिर वह संस्था, प्रासंगिक आंतरिक चर्चा करने के बाद, यह निर्णय लेती है कि इस अवसर का लाभ उठाना है या नहीं।

प्रस्ताव लेखन को, स्पष्ट जिम्मेदारियां, जोखिम आकलन और समय की पाबन्दी वाले, एक नए प्रकल्प की तरह देखना चाहिए। इस काम को करने के लिए, एक अच्छा दल बनाना बहुत ज़रूरी है।

पर पहले, थोड़ी सी और गहराई में जाकर एक प्रस्ताव के निहितार्थ को समझते हैं। हम यह मानकर चलेंगे कि आप प्रस्ताव रखने वाले हैं।

1. एक प्रस्ताव और क्या होता है?

- एक प्रस्ताव ऐसा एक खाका है, जो यह बताता है कि क्या करना है, कैसे करना है, निष्पादन की पद्धति क्या होगी, काम में होने वाले खर्चे क्या होंगे, काम की अनुसूची क्या होगी, कितना समय लगेगा, इत्यादि।
- हमें यह समझना चाहिए कि एक प्रस्ताव *एक संस्था की काम के प्रति प्रतिबद्धता का बयान है।*
- कानूनी तौर पर, *इसमें पेशेवर और कानूनी निहितार्थ रखने वाला एक अनुबंध पूरा करना पड़ता है।*

इसीलिए, अगर एक प्रस्ताव स्वीकारा जाता है, हम यह मान सकते हैं कि जिस संगठन ने इसे स्वीकारा है, उसने लिखी हुई विषय वस्तुओं को अच्छे से समझा और अनुमोदित किया है। यानि दूसरे शब्दों में, यह माना गया है कि *आपके पास, प्रस्ताव में लिखे गए तरीकों से, काम करने की योग्यता और साधन* हैं। अगर आप ऐसा नहीं कर पाएँ, तो प्रस्ताव स्वीकारने वाला संगठन आप पर, जानबूझकर गुमराह करने का आरोप लगाते हुए, कानूनी मुकदमा दर्ज कर सकता है।

इसके विपरीत, प्रस्ताव में लिखे गए तरीकों से काम पूरा न कर पाने की अक्षमता को आप शायद बाद में भी न मानें, अगर परस्पर सहमत गंभीरता कम करने वाली परिस्थितियां न हों जो इन तरीकों को निष्पादित करने से आपको रोकें; जैसे भगवान का कार्य (acts of god), अप्रत्याशित कानूनी, तकनीकी या प्रक्रियात्मक विकास या फिर, प्रस्ताव स्वीकारने वाले संगठन का नए काम के शर्तों के लिए निवेदन। अगर आप, आपके रखे हुए प्रस्ताव के स्वीकृत होने के बाद, काम करने से मना कर देते हैं, तो यह तो निश्चित है कि भविष्य में आपको दूसरे प्रकल्पों के लिए मौका नहीं दिया जायेगा।

एक प्रस्ताव एक बिक्री दस्तावेज़ भी होता है। इसके भौतिक पहलू बहुत महत्वपूर्ण होते हैं। पाठक, इस दस्तावेज़ के मूर्त गुणों, इसकी भाषा, लिखने का अंदाज़ और व्यापकता से प्रभावित होंगे। एक बिना व्याकरणिक और वर्तनी त्रुटियों वाला, अच्छी तरह से स्वरूपित और व्यवसायी तरह से लिखा प्रस्ताव, एक अच्छे पहले-प्रभाव का फायदा दे सकता है।

इसीलिए, प्रस्ताव रखने से पहले यह ज़रूरी है कि एक औपचारिक सूची, इसकी गुणवत्ता को जाँचने के लिए बनाई जाए। परिशिष्ट 1 में आपको ऐसी एक सूची का उदाहरण मिलेगा।

2. क्या एक प्रस्ताव को लिखना ही पड़ेगा?

एक प्रस्ताव को लिखना शुरू करने से पहले हमें कुछ प्रश्नों के उत्तर जानने होंगे।

(1). आपको आपके ग्राहक के बारे में क्या पता है?

आपको, आपके ग्राहक के प्रत्यय पत्र (credentials) की अच्छी समझ होनी चाहिए। यह पहले से ही विचार करने का मामला है कि किसी के लिए एक विस्तृत प्रस्ताव लिखने का कोई अर्थ नहीं बनता अगर:

- वे आपका प्रतिद्वंद्वी हैं,
- उनकी प्रतिष्ठा संदेहजनक है,
- उनके बारे में ना ही यह पता है कि वह काम के लिए पैसे देने की क्षमता रखते हैं और ना ही वह पैसे देने की क्षमता दिखाते हैं, अथवा
- वह सिर्फ, अपनी संस्था में आंतरिक रूप में उपयोग करने के लिए कुछ योजनाओं की तलाश में हैं; दुर्भाग्य से, ऐसा होना काफी आम बात है।

इसीलिए, आदर्श रूप में ग्राहक को ऐसा होना चाहिए:

- आर्थिक रूप से सक्षम और जो यह प्रमाण कर चुका हो की वह समय पर, पूरे पैसे दे पायेगा
- जिसके पास, बाद में काम आने वाला एक विश्ववसनीय सिफ़ारिश पत्र हो
- काम पूरा होने पर, जो व्यापार की धारा बहा दे, और
- अच्छी तरह से परिभाषित एक संस्था, जिसकी किसी प्रशासनिक अथवा भौगोलिक क्षेत्र में एक कानूनी स्थिति हो। इससे बाद में, ज़रूरत पड़ने पर, किसी भी कानूनी कार्यवाही में सुविधा होगी (जैसे, पैसे न देने के परिस्थिति में)।

(2). सौंपा गया काम क्या है?

सौंपा गया काम, आदर्श रूप में, ऐसा होना चाहिए कि:

- वह आपके व्यापार से जुड़ा हो
- सही तरह से करने पर, वह आपकी ख्याति को बढ़ाए

- वह मुनाफ़े वाला हो
- आपकी योग्यता को साबित करने के लिए एक मंच हो
- व्यावसायिक रूप में यह आपके और आपके कर्मचारियों के लिए संतोषजनक हो

कभी कभी, इन में से एक या दो तत्वों को हम सामरिक कारणों की वजह से अनदेखा करते हैं-जैसे कभी कभी, प्रतिद्वंद्वियों को हराने के लिए या फिर किसी विशिष्ट संस्था के साथ व्यापार करने के लिए, प्रस्ताव रखने वाली संस्था शायद जान बूझ के कम पैसों में यह काम करना चाहे। पर अगर दीर्घकालीन बात हो, तो हमें इन सारे तत्वों को मान कर चलना चाहिए।

(3). 'क्रेता' कौन हैं?

हम यहां कानूनी इकाई जिसे 'ग्राहक' कहते हैं और 'क्रेता' में जरूरी भेद करेंगे।

ग्राहक के संगठन में ऐसे कई लोग या दल होते हैं जिनके पास प्रस्ताव का मूल्यांकन करने का अधिकार होता है। यह बहुत बार किसी प्रतिनिधि के सहारे भी किया जाता है; इसका मतलब, हमेशा ही ग्राहक का अंतराफलक (client interface), निर्णयकर्ता नहीं होता। यह समझना बहुत ज़रूरी है कि अंतिम निर्णय कौन लेगा और उसके अनुसार हमें प्रस्ताव लिखना चाहिए। हमें असली क्रेता से मिल कर उसकी ज़रूरतों को समझने की कोशिश करनी चाहिए। सामान्य अर्थों में यह ऐसा एक काम है जो प्रस्ताव रखने वाली संस्था के किसी वरिष्ठ सदस्य को संभालना चाहिए।

(4). प्रतिस्पर्धी स्थिति क्या है?

आम तौर पर, एक अनुभवी व्यक्ति को यह समझ में आ जाता है कि कौनसी प्रतिस्पर्धी स्थिति को नाज़ुकता के साथ संभालना चाहिए। ऐसी स्थिति तब आती है जब ग्राहक किसी नतीजे पर पहुँचने से पहले कई और उपलब्ध विकल्पों को परखना चाहें। इसके

पीछे आंतरिक प्रक्रियाओं से जुड़े कुछ कारण या फिर जवाबदेही बढ़ाना हो सकता है[1]। इस स्थिति में ग्राहक, निष्पक्षता बनाये रखने और भविष्य में किसी भी लेखा-परिक्षण (ऑडिट) से गुजरने के लिए, विभिन्न विक्रेताओं से प्रस्ताव रखने का निवेदन कर सकते हैं।

> कभी कभी, एक मौजूद मौके को हारना, भविष्य में आने वाले किसी नए मौके में निवेश करने जैसा समझा जा सकता है।

लेकिन कभी कभी यह देखा जाता है कि किसी ऐसे संगठन की योग्यता को बढ़ा कर दिखाने के लिए दूसरी संस्थाओं से प्रस्ताव रखने को कहा जाता है, जिसकी पहले से ही अंदर तक पहुंच होती है। इस प्रस्ताव निवेदन पत्र[2] (रिक्वेस्ट फॉर प्रपोजल) में ऐसी कुछ विशिष्ट शर्तें होती हैं जिन्हें सिर्फ यह एक संगठन ही पूरा कर सकता है। इस स्थिति में बाकी विक्रेताओं को यह निर्णय लेना पड़ता है कि क्या इस प्रस्ताव लेखन पर अपना समय और श्रम देना सही होगा या नहीं।

इसके अतिरिक्त, अगर किसी एक प्रतिद्वंद्वी के पास प्रतिस्पर्धात्मक लाभ स्पष्ट तरह से पहले से ही हों (बेहतर पिछली उपलब्धियाँ, प्रबंधन संगठन तक भीतरी पहुँच होना, बहुत ही विशिष्ट क्षेत्र में अनुभवी होना, बेहतर आर्थिक क्षमता होना, इत्यादि), तो इस स्थिति में प्रस्ताव ना रखना ही समझदारी होगी।

(5). क्या आप इसे कर सकते हैं?

मान लेते हैं कि आपका रखा हुआ प्रस्ताव सम्मोहक है और उसे स्वीकारा गया है। ग्राहक को यकीन है कि आप इस काम को करने की योग्यता और क्षमता रखते हैं।

[1] इस चीज़ को कुछ निंदक 'सीवाईबी' अथवा 'कवर योर बैकसाइड (cover your backside)' यानि, अपनी पीठ बचाना कहते हैं।

[2] और जानकारी के लिए परिशिष्ट 2 पढ़ें।

पर क्या यह सच है?

क्या होगा अगर आपने अपनी योग्यता को बढ़ा चढ़ा के दिखाया हो या फिर इस काम को पूरा करने के लिए लगने वाले संसाधन आपके पास फिलहाल मौजूद न हों? शायद, जो उप-ठेकेदार इस काम का एक ज़रूरी हिस्सा संभालने वाले थे वह अब उपलब्ध न हों। अथवा एक महत्वपूर्ण कर्मचारी ने आपकी संस्था में काम करना छोड़ दिया हो। यह स्थिति आपके लिए शर्मनाक और काफी अप्रिय हो सकती है।

आपको माफ़ किया जा सकता है क्योंकि आपने नेक नीयत के साथ यह प्रस्ताव रखा था। आप इस परिस्थिति के बारे में ग्राहक को समझाते हुए, या तो किसी वैकल्पिक व्यवस्था का आयोजन कर सकते हैं अथवा किसी और परस्पर सहमत समाधान पर पहुँच सकते हैं।

लेकिन, हमें उस समय के बारे में सोचना चाहिए, जब हमने प्रस्ताव रखने का निर्णय लिया था। उस वक़्त, आपका निर्णय जनशक्ति (मैनपॉवर) पर किये कुछ अनुमानों, संसाधनों की उपलब्धता, उप-ठेकेदारों की प्रतिबद्धता जैसे कुछ और तत्वों पर आधारित था।

आपको यह निर्णय लेना है कि, इस परिस्थिति में, कौन सी मान्यताएं अभी भी जायज़ हैं और कौन सी नहीं। बाहरी निर्भरताएं, परियोजना के रास्ते में नहीं आनी चाहिए; यानि वह रास्ता जो बाधाओं और ऐसे कुछ काम जिनको पूरा करने के बाद ही आगे बढ़ा जा सकता हो, के बीच में से गुज़रती हों।

इसके साथ, हमें यह ध्यान में रखना चाहिए कि हम अपनी योग्यता को बढ़ा चढ़ा के पेश न करें। जैसे, यह कहना कि किसी महत्वपूर्ण कर्मचारी ने कभी किसी अंतरिक्ष प्रौद्योगिकी (aerospace) संस्था के लिए एक छोटी सी सॉफ्टवेयर परियोजना पर काम किया था, एक बात होती है, और यह कहना कि वह व्यक्ति अंतरिक्ष प्रौद्योगिकी ज्ञानक्षेत्र की अच्छी समझ रखता है, कुछ और ही बात होती है! बहुत सी परियोजनाएं आरंभिक चरण में किये गए अतिरंजित दावों की वजह से असफल हो जाती हैं।

> *"पर आपने आपके प्रसताव में यह लिखा था कि आपकी संस्था के पास अंतःस्थापित प्रणाली (embedded systems) में काम करने का अनुभव है और आपने आपके विशेषज्ञ से हमारी बात भी करवाई थी!"*

"जी, हाँ। पर वह एक सलाहकार हैं जिन्हें हम पेरोल प्रक्रिया से अंतःस्थापित प्रणाली विकास (embedded systems development) पर जाने के लिए काम पर रखने की सोच रहे थे।"

"आपने हमें गुमराह किया है! आपके पास कभी भी अंतःस्थापित प्रणाली में विशेषज्ञ लोग नहीं थे!"

"यह सच नहीं है। हम अपनी कार्यनीति को समायोजित करने की प्रक्रिया में थे।"

"आपने हमसे झूठ बोला। हमारी परियोजना विफल हो चुकी है और हम अपने ग्राहकों को खो देंगे। आपको इसका परिणाम भुगतना पड़ेगा!"

"नहीं, नहीं... यह बस एक मामूली गलतफहमी है। मुझे यकीन है कि इसका हम कोई समाधान निकाल पायेंगे।"

आप कभी भी ऐसी परिस्थिति से गुज़रना नहीं चाहेंगे।

दूसरी तरफ, यह कहना गलत नहीं होगा कि किसी भीतरी कर्मचारी ने किसी स्वास्थ्य-सेवा केंद्र में व्यापारिक प्रक्रिया अभ्यास के ऊपर काम किया था और इसीलिए वह ऐसा ही कोई काम, आत्मविश्वास के साथ, किसी परिवहन संस्था के लिए भी कर सकता है।

यानि, सबसे ज़रूरी बात यह है कि, आपके रखे प्रस्ताव का स्वीकृत होने का मतलब यह नहीं होता कि आपका काम यहाँ ख़त्म होता है। काम को पूरा करना महत्वपूर्ण है और इस दौरान आपकी अंदरूनी क्षमता की मौलिक धारणा को बार बार परखा जाएगा। अगर आप यह काम नहीं कर सकते हैं, तो इसे न लें। आगे जाकर, यह ही लाभदायक प्रमाणित होगा।

3. परियोजना का सटीक ब्योरा क्या है?

परियोजना के बारे में हमें क्या जानकारी है? क्या आप संतुष्ट हैं कि आपके पास एक व्यावसायिक प्रस्ताव लिखने के लिए ज़रूरी, पूरी जानकारी मौजूद है? क्या आप यह यकीन के साथ कह सकते हैं कि काम की मात्रा को लेकर कोई निहित धारणा नहीं है या फिर, इस परियोजना से जुड़े कुछ ऐसी उम्मीदें नहीं हैं जिनका साफ-साफ उल्लेख नहीं किया गया है?

जैसे, आईटी उद्योग में ऐसी बहुत सी घटनाएं हो चुकी हैं, जहाँ पर निहित उम्मीदों की वजह से परियोजनाएं बीच राह में ही रुक चुकी हैं। इसके पीछे यह निम्नलिखित कारण हैं:

1. अक्सर ग्राहक के पास पर्याप्त जानकारी न रहने की वजह से, अथवा अनुचित मान्यताओं की वजह से, उनका काम के बारे में विस्तारपूर्वक विवरण नहीं देना।
2. बार बार आवश्यकताओं का बदलना। यह अभियंताओं के लिए परेशानी और कभी कभी, ग्राहक की प्रसन्नता और वाणिज्यिक निष्पक्षता के बीच में संतुलन बनाये रखने वाली परियोजना के प्रबंधकों के लिए, एक नाज़ुक स्तिथि सृजन कर सकती है।

3. "यह तो जाहिर सी बात है" यहाँ ग्राहक कुछ कल्पना कर लेते हैं (और जहाँ कोई अनुभवी परियोजना प्रबंधक पहले से ही इस गलतफहमी को दूर नहीं करतें) कि सॉफ्टवेयर विक्रेता, उदाहरण के लिए,

   (क) परियोजना में लगने वाले सॉफ्टवेयर और कंप्यूटर आदि में काम आने वाले उपकरण में निवेश करेंगे।

   (ख) वह आश्रित सॉफ्टवेयर मॉड्यूल का सृजन करेंगे, अथवा अपनी लागत पर सॉफ्टवेयर को प्राप्त करेंगे।

   (ग) कुछ समय के लिए, वह सॉफ्टवेयर का अनुरक्षण करेंगे (यहाँ गलती से अनुरक्षण करने का मतलब अतिरिक्त क्षमताओं के समेकन से भी लिया जा सकता है)।

जितना हो सके, आपको परियोजना की तह तक जाना है, और आप यह मान कर नहीं चल सकते कि ग्राहक आपको पूरा विवरण देंगे। परियोजना शायद बहुत बड़ी हो, और उसे शायद आप जैसे कई विक्रेताओं में विभाजित किया जाए। अगर ऐसा हो, तो आपकी इसमें क्या भूमिका होगी? आपको कैसा अनुभव हासिल होगा? क्या आप वाकई में उप-ठेकेदार बनकर रह जाएंगे, और क्या यह आपको मान्य होगा? क्या आप सीमाबद्ध हो कर कंपनियों के समूह के साथ काम कर पायेंगे और क्या आपकी भूमिका को परिभाषित किया गया है?

अगर आपको इन प्रश्नों के उत्तर मिलें, तो आपकी खुद की प्रतिक्रिया, स्पष्टता के साथ, आपके रखे प्रस्ताव में व्यक्त होनी चाहिए। ऐसा करने का एक आसान तरीका यह है कि आप ग्राहक से आपकी उम्मीदों और विभिन्न पड़ावों पर वह विशिष्ट चीजें जो आप कर पायेंगे या **नहीं** कर पायेंगे, उनका स्पष्टता से उल्लेख करें।

4. एक सफल होने वाला प्रस्ताव कैसे बनाएं?

प्रस्ताव रखते समय, कुछ विपणन (मार्केटिंग) लागत को मान लिया जाता है। यह वह समय है जब, बिक्री, विपणन और संबंध पेशेवर अपने संघों का इस्तेमाल करके खरीदार और दूसरे निर्णयकर्ताओं को समझने की कोशिश करते हैं। इसे हम पूरी प्रक्रिया को करने का आसान तरीका नहीं समझ सकते। उल्टा, यह हमें समझ ने में मदद करेगा कि:

- शुरुआत के लिए, प्रस्ताव क्यों क्यों मांगे गए थे? दूसरे शब्दों में, बिज़नेस के प्रेरक क्या थे?
- काम के लिए बजट क्या हो सकता है?
- क्या पहले भी ग्राहक ऐसा कोई काम कर चुके हैं और वह किस तरह के परिणाम से संतुष्ट हुए थे?
- क्या ग्राहक एक विशिष्ट तरह की सोच रखते हैं और इसीलिए एक ऐसे प्रस्ताव को चुनना पसंद करेंगे जो उनकी सोच के साथ मेल खाता हो?

- क्या किसी की अंदर तक पहुँच है और क्यों?
- क्या यह परियोजना किसी एक को दिए जाने के बजाय, एकाधिक संस्थाओं के बीच विभाजित की जाएगी?

व्यापारिक ज्ञान पर इस तरह की जानकारी का होना समझदारी, और अक्सर, आवश्यक होता है। चतुर व्यवसाय, चतुर देशों की तरह होते हैं: उन्हें अपने प्रतिद्वंद्वी ('दुश्मनों') पर हमेशा नज़र रखनी पड़ती हैं और सामरिक लाभ के लिए, रक्षात्मक और आक्रामक कौशल की रचना करनी पड़ती हैं।

आम तौर पर, अगर हो सके तो, खरीदार के साथ, थोड़ी सी दूरी रखते हुए एक अच्छा अनौपचारिक रिश्ता बनाना, अच्छी तरकीब है (ख़ास तौर पर, सरकारी कामों में)। हालांकि, निर्णय हमेशा रखे गए तत्वों के निष्पक्ष मूल्यांकन पर आधारित होना चाहिए, 'मैं उन्हें जानता हूँ' जैसा वाक्य अक्सर निर्णायक बन जाता है। इसीलिए, विश्वास और जान-पहचान स्थापित करना बहुत ज़रूरी होता है।

संभवतः, ग्राहक ऐसे प्रमाण की खोज में है जो साबित कर पाए कि प्रस्तावित समाधान सम्पूर्ण, लागत प्रभावी और अद्वितीय है। अगर ऐसा है, तो आपके प्रस्ताव में यह गुण विशिष्ट रूप से दर्शाया जाना चाहिए।

इसके अलावा, एक लम्बे और जटिल प्रस्ताव के मामले में, बहुत लोगों का, इस पर समय बिताने की संभावना है। यहाँ पर, साफ-साफ, समय ही निवेश है। जब तक, आप सफलता की संभावना को दृढ़तापूर्वक मान कर चलते हैं, प्रस्ताव लिखने में शामिल आंतरिक संसाधनों के बारे में आपको ध्यान से सोच लेना चाहिए (उदाहरण के तौर पर, अनुसंधान आयोजन करने के लिए या कम्प्युटर ग्राफिक्स बनाने के लिए या जानकारी इकट्ठा करने के लिए या प्रस्ताव के ऐसे कुछ विशिष्ट भागों को लिखने के लिए जिसके लिए विशेष अनुभव का होना ज़रूरी है)। बहुत लोगों के शामिल होने के बावजूद, प्रस्ताव का अस्वीकार होना, मनोबल को तोड़ते हुए, संगठन में आतंरिक अशांति की सृष्टि कर सकता है।

5. क्या कहीं कोई असंगति है?

आपको यह समझना होगा कि क्या इस काम को करना, किसी असंगति की सृष्टि कर सकता है या नहीं। उदाहरण के तौर पर, पारंपरिक सलाहकारी संस्थाओं में, जहाँ कर और परीक्षण प्रथाओं के साथ साथ प्रबंधकीय प्रथाएं भी होती हैं, ऐसी असंगतियां देखी जाती हैं। कैसे कोई संस्था ग्राहक को अपनी सेवाएं भी दे और ग्राहक के बही खाते का परीक्षण भी करे? इस कारण, काफी सारी सलाहकारी संस्थाएं, नियंत्रक दबाव में आ कर विभाजित हो चुकी हैं।

असंगतियां एक से लेकर तीन आयामों को प्रभावित कर सकती हैं-सदाचारी, नैतिक और कानूनी।

एक नैतिक असमंजस तब होता है जब आप ऐसी एक क्रिया में भाग लेते हैं अथवा ऐसी एक परिस्थिति में होते हैं जो आपके अपने नैतिक मूल्यों के विरुद्ध हो। जैसे, शायद आपको एक शराब संगठन के साथ काम करने का मौका मिले, लेकिन शायद आपको व्यक्तिगत रूप से लगता हो कि शराब पीना सेहत के लिए हानिकारक होता है। पर इस मौके का फायदा न उठाना आपकी संस्था के लिए नुकसानदायक हो सकता है।

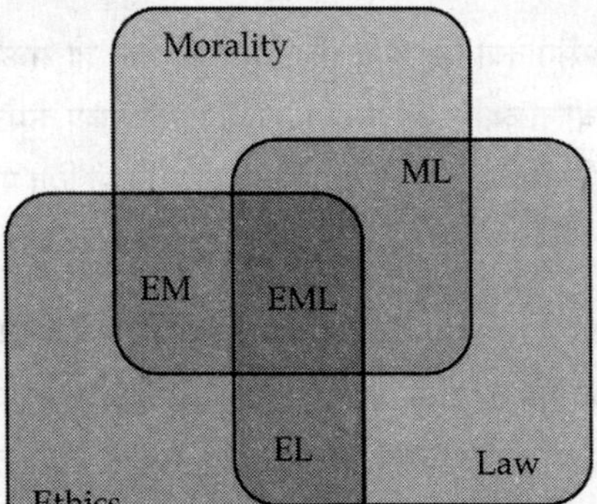

किसी नैतिक आयाम का उल्लंघन करने पर, एक व्यक्ति कानूनी समस्याओं के सम्मुख हो सकता है। जैसे, प्रसिद्ध एनरॉन मामले में शुरुआत तो नैतिकता से जुड़े तत्वों से हुई थी लेकिन अंत में उसने एक कानूनी रूप लिया था।

ड्यूक विश्वविद्यालय के, कानून को लेकर पढ़ाने वाले प्रोफ़ेसर, जेम्स दी. कॉक्स ने एनरॉन कांड के नैतिक विषयों पर कहा है कि- अमरीका के इतिहास में यह मामला उदाहरण है सबसे बड़े कॉर्पोरेट दिवालियापन का और अपने संगठन की समस्याओं के बारे में सही चेतावनी देने में उसके लेखा विभाग (accounting dept.) की असफलता का। http://www.dukemagazine.duke.edu/dukemag/issues/030402/depqa.html

> एनरॉन के पास कई ऐसे लेखापाल (accountants) थे जिनका एनरॉन के साथ, लेखाकर्म के अलावा भी, एक गहरा वित्तीय रिश्ता था। वह सब एनरॉन के लिए हिसाब किताब भी लिखते थे और खुद ही उस हिसाब किताब तथा लेखांकन प्रणाली का मूल्यांकन भी करते थे। एनरॉन से, आर्थर एंडरसन को, लेखा परीक्षा के लिए प्राप्यक हर डॉलर पर, गैर-लेखा परीक्षा के कामों के लिए एक डॉलर मिलता था। ऐसी बहुत लेखा परिक्षण संस्थाए हैं जिनके आय का 60 से 80 प्रतिशत हिस्सा गैर-लेखा परीक्षा के कामों से ही आता है। असली प्रश्न यह है कि, क्या सारे लेखापाल सच में वह भूमिका निभाते हैं जो हम उनके लिए सोच कर रखते हैं कि वह स्वतंत्र रूप से लेनदेन के अभिलेख का और किताबों में उसके प्रकटीकरण का मूल्यांकन करेंगे? अगर हम सिर्फ एक बदलाव कर पाएँ, तो हम लेखा परीक्षा के काम से उस सलाहकारी संस्था को हटा देंगे।

कुछ और तरह के असंगतियों का होना भी, चिंता की बात हो सकती है। अगर आपके सेवाओं को खरीदने वाला व्यक्ति आपके संगठन के किसी मुख्य कर्मचारी से सम्बंधित हो या फिर उनके मन में वित्तीय रुचियां हों, तो फिर किसी न किसी बिंदु पर कई प्रश्नों का उठने की आशंका है।

नैतिक समझौतों के बारे में समझ होना, वास्तव में कुछ करने से कहीं ज़्यादा प्रभावशाली है। बहुत से संगठन इस आयाम को लेकर काफी संवेदनशील हैं और अपने कोड ऑफ एथिक्स (नीति की नियमावली) में इसका विशेष उल्लेख करते हैं। जैसे, डार्टमाउथ के महाविद्यालय की नैतिक व्यापारिक आचरण (ethical business conduct) की संहिता के अनुभाग

II-सी में यह स्पष्ट रूप से कहा गया है कि: *दुर्व्यवहार और अनैतिकता की उपस्थिति भी महाविद्यालय की प्रतिष्ठा के लिए हानिकारक हो सकती है।*

अगर आपको यह लगे कि परिस्थिति से जुड़ी कुछ ऐसी अजीब समस्याएं हैं जो आपके दीर्घकालिक विश्वसनीयता, व्यापारिक संबंधों और प्रतिस्पर्धात्मकता पर बुरा प्रभाव डाल सकती हैं, तो फिर इस काम के लिए आपका प्रस्ताव रखना सही नहीं होगा। दूसरी तरफ, आप पहले से ही ऐसी संभाव्य असंगतियों को सच सच सबके सामने रख कर, किसी भी तरह की गलतफहमी का होना रोक सकते हैं।

यह समझना ज़रूरी है कि सभी व्यापारिक संस्थाएं इस मामले में संवेदनशील नहीं होतीं। नैतिक मूल्य अनिवार्य रूप से निरपेक्ष नहीं हैं।

वास्तविकता में संगठनों में आमतौर पर ऐसे फैसले लेने की प्रक्रिया निर्धारित नहीं होती और अनुमान व लाभ के प्रलोभन में की कार्य करते हैं।

6. क्या यह काम ज़रूरी है?

जबकि हमें किसी भी व्यापारिक मौके का फायदा उठाना चाहिए, हमें इस काम में लगने वाले पैसों को भी ध्यान में रखना चाहिए।

आपके सामने यह स्पष्ट होना चाहिए कि यह काम आपके लिए लाभदायक हो सकता है। शायद यह किसी ऐसे संसाधन का इस्तेमाल करे जो काफी दिनों से बेकार पड़ा हो। या शायद यह काम प्रत्यक्ष रूप से अंदरूनी ज्ञान का विकास करे, जो आपकी संस्था को एक बेहतर व्यापारिक स्थान पर उठाते हुए भविष्य में किसी मौके को हासिल करने में आपकी मदद करे। या शायद यह काम, प्रत्यक्ष रूप से प्रासंगिक न होने के बावजूद, आर्थिक समस्याओं से निकलने में आपकी मदद करे, क्योंकि इसके अलावा शायद आपके पास कोई और आकर्षक विकल्प न हो। इन सब चीज़ों को ध्यान में रखते हुए, आपको यह निर्णय लेना हैं कि प्रस्ताव रखें या नहीं।

आम तौर पर, निम्नलिखित मुद्दों को ध्यान में रखना चाहिए:

- क्या इस परियोजना की लागत, आय और लाभकारिता तय की गई है?
- क्या हमें यह परियोजना मिलने की संभावना, काफी ज़्यादा है?
- यह परियोजना आर्थिक और व्यावसायिक तरह से कितनी जोखिम भरी हो सकती है? इस जोखिम को हम कैसे कम कर सकते हैं?
- क्या इस काम का दीर्घकालीन फायदा है? अगर है, तो फिर क्या हम उसकी मात्रा निर्धारित कर सकते हैं?
- क्या आप यह काम छोड़ कर किसी और मौके को और कार्यसाधक रूप से निभा सकते हैं?
- असुविधाओं की वजह से प्रस्ताव न रख पाना आप पर कितना भारी पड़ सकता है?

क्या इन सब चीजों को सोच कर अपने बालों को नोचना जायज़ है?

जी हाँ। जब कोई निर्णय आपको व्यावसायिक रूप से प्रभावित करे, तो उसे हर तरह से तौलना चाहिए। आपको अपने लिए इस युद्धभूमि में पूरी तैयारी, और जितना हो सके, परिकल्पित स्थितियों के समाधानों के साथ उतरना हैं। याद रखिए, अगर आप हारें तो आपको कई समालोचक मिलेंगे। पर अगर आप जीतें, तो आपके दोस्त आपकी व्यवस्थित सोच की प्रशंसा करेंगे!

अध्याय 3

प्रस्ताव लिखने की प्रक्रिया

यदि आप जो कर रहे हैं, उसका विवरण आप एक प्रक्रिया के रूप में न दे पाएं, तो आपको नहीं पता कि आप क्या कर रहे हैं।

– डब्ल्यू एडवर्ड्स डेमिंग (1900–93)

एक प्रस्ताव को वास्तव में लिखने के बारे में व्यापारिक निर्णय लेने के बाद, आपको इस पूरी प्रक्रिया को व्यवस्थित रूप से आयोजित करना होगा और इस दस्तावेज़ के लेखन में योगदान करने वाले सारे तत्वों पर विचार करना होगा। अगर दूसरे शब्दों में कहें, तो इस अंतिम प्रदान की गई वस्तु, यानि इस प्रस्ताव को कामयाब बनाने के लिए, आपको इस लेखन को एक वास्तविक परियोजना की तरह संभालना होगा।

वास्तविक जीवन में, यह प्रक्रिया अक्सर विफल हो जाती है; एक आत्मविश्वासी और सशक्त व्यक्ति अकेले ही इस दस्तावेज़ को लिखने और रखने की ज़िम्मेदारी उठाने की कोशिश करता है (*'मैं सब संभाल लूंगा, चिंता मत करो!'*)।

भले ही यह काम कर जाए, यह बहुत ही बुरा विचार है; एक श्रेष्ठ प्रस्ताव वह होता है जो एक संयुक्त प्रयास को दर्शाये (अगर वह किसी संगठन की ओर से रखा गया हो) और जिसमें विशेषज्ञ विभिन्न तत्वों (चाहे वह जितना भी छोटा हो) को प्रस्तुत करें। इसमें समय बचाने का अतिरिक्त फ़ायदा भी है। इससे भी महत्वपूर्ण बात यह है कि, यह प्रस्ताव संगठनात्मक खरीद के बारे में दर्शाता है और ज़्यादा पूर्ण भी होता है। लेकिन इसका मतलब यह नहीं कि इस प्रस्ताव को संगठन का कोई भी इंसान, इसकी गोपनीयता का उलंघन करते हुए, पढ़ सकता है।

दूसरी ओर, अगर इसे सही तरह से संभाला न जाए, तो अंतिम दस्तावेज़ में विभिन्न तरह की लेखन शैली और विवरण के स्तर पाए जा सकते हैं जिसे फिर व्यवस्थित करने के लिए एक अनुभवी संपादक की ज़रूरत पड़ सकती है। समय के साथ, यह प्रक्रिया सुव्यवस्थित और कार्य-कुशल हो जाती है, हालांकि इसमें हमेशा आत्मतुष्ट होने का डर लगा रहता है।

1. प्रस्ताव लेखन की परियोजना कौन संभालेगा?

सबसे पहले आपको यह तय करना है कि प्रस्ताव कौन लिखेगा। यह ज़रूरी नहीं कि जो इंसान इस विशिष्ट कार्य का नेतृत्व कर रहा हो, वह व्यक्ति ही इसके पूर्ण महत्व को अच्छे से समझे और इसको सही तरह से लिख पाए। लेकिन उनके पास महत्वपूर्ण निहित (परोक्ष) जानकारी मौजूद है जो आपके पास नहीं है।

वास्तविक जीवन में, प्रस्ताव को लिखते समय उनकी राय को भी ध्यान में रखना समझदारी होगी। यह उनको भी आने वाले विक्रय प्रक्रियाओं के महत्वपूर्ण चरणों में और भी ज़्यादा कार्यकारी बनाएगी[1]। ग्राहक के सामने नियत दिनांक और समय पर[2], वास्तव में प्रस्ताव (अच्छा होगा अगर यह एक मुद्रित संस्करण (hard copy) हो) रखने के लिए, एक व्यक्ति नियुक्त होना चाहिए जो आमतौर पर विक्रय अंतरफलक (sales interface) के हिसाब से काम करता हो। पर वास्तविक सृजन प्रक्रिया एक अंदरूनी काम है और उसे संभालना चाहिए जो प्रस्ताव के स्वीकृत होने पर आए काम का पर्यवेक्षण कर रहा हो (ज़रूरी नहीं

[1] यह जवाबदेही के दृष्टिकोण से भी जायज़ है।

[2] सारे कार्यकलाप, इस दिन को ध्यान में रखते हुए आयोजित करने होंगे।

की वह उसे कार्यान्वित भी करे)। यह अपने आप ज़िम्मेदारी और जवाबदेही सौंपता है। एक प्रस्ताव विकास दल (proposal development team) के सदस्यों को जुटाना, जिसमें विषय विशेषज्ञ, योग्य लेखक और विक्रय, विपणन और वित्त प्रतिनिधि शामिल हों, इस व्यक्ति की ज़िम्मेदारी होती है। यह व्यक्ति काफी वरिष्ठ होना चाहिए और शायद वह कार्यकारी प्राधिकारी भी हो।

2. प्रस्ताव कौन लिखेगा?

यह निम्नानुसार है कि, क्योंकि एक प्रस्ताव औपचारिक रूप से संरचित होता है और उसमें कई सारे अनुभाग होते हैं- जो हम जल्द ही देखेंगे- हर अनुभाग के लिखने में उसके प्रासंगिक विभाग का योगदान रहना चाहिए।

वास्तविक रूप में, हर कोई लिखने में अच्छा नहीं होता और बहुत ही कम लोग इस काम को आयोजित और तार्किक रूप से कर पाते हैं। शायद यह बेहतर होगा अगर जो व्यक्ति प्रस्ताव लिख रहा हो, वह खुद विशेषज्ञों से मिल कर महत्वपूर्ण जानकारी प्राप्त करे और उन्हें लिख कर उन सभी साक्षात्कारकर्ताओं से स्वीकृत करवाए।

किसी को लिखने के लिए मजबूर करने का कोई मतलब नहीं बनता। आपको ऐसे लोगों की ज़रूरत है जो अच्छा लिख पाएं, जो व्यावसायिक तरीके से दस्तावेज़ों को प्रस्तुत कर पाएं, जो वित्त संबंधित अनुसंधान कर चुके हों और कुछ और लोग जो हर स्तर पर गुणवत्ता आश्वासन (quality assurance) दे पाएं (सम्पादन, संदर्भ मान्यकरण (context validation), इत्यादि)। यह संभव है की यह व्यक्ति संगठन के कोई वरिष्ठ कर्मचारी हों, जिन्होंने अपने औपचारिक व्यापारिक लेखन कौशल को, बहुत सालों की अनुभवों के द्वारा, विकसित किया हो। इसीलिए यह व्यक्ति इस प्रस्ताव के लेखन और इसके पूरा होने के लिए उत्तरदायी है। उत्तरदायी व्यक्ति को:

- अपने प्राधिकरण का इस्तेमाल करते हुए, अपने प्रस्ताव लेखन के दल को और प्रस्ताव के ढांचे को बनाना है।
- अलग अलग लोगों को विशिष्ट अनुभागों को भरने का दायित्वा सौंपना है।

- अगर संभव हो तो लिखित अनुभागों को प्राप्त करना है, अथवा मुख्य कार्यकर्ताओं से साक्षात्कार करके एक प्रारूप बनाना है।
- शैली की स्थिरता, विषय की पर्याप्तता और यथार्थता, और कुल मिलाकर पूर्णता को सुनिश्चित करने के लिए, एक सम्पादक की तरह काम करना है।

3. दल में किसे होना चाहिए?

कार्यकारी प्राधिकरण

जिस तरह से पिछले अनुभाग में समझाया गया, इन कर्मचारियों को पूरी प्रक्रिया का निर्देशन करना है क्योंकि इनके पास दल के दूसरे सदस्यों से ज़्यादा सामरिक परिप्रेक्ष्य है। प्रस्ताव के तैयार होने के बाद उन्हें उसपर अपना हस्ताक्षर करना है ताकि वह दस्तावेज़ प्रामाणिक और अधिकृत लगे। आदर्श रूप में, जिस व्यक्ति पर प्रस्ताव लेखन का उत्तरदायित्व है, उन्हें इस दल का सदस्य होना चाहिए क्योंकि उनके पास इस दस्तावेज़ को लिखने के लिए ज़रूरी अनुभव और भाषा कौशल मौजूद हैं।

बिक्री और विपणन

कुछ संगठनों के पास इस काम के लिए एक विशिष्ट दल मौजूद नहीं होता, लेकिन हम यहाँ उन सदस्यों की बात कर रहे हैं जो हाथ में आए मामले को लेकर संगठन की दिलचस्पी को बाह्यतः व्यक्त करते हैं। उन्हें, प्रस्ताव लेखन के उत्तरदायी को, मौके और प्रतिस्पर्धी माहौल के बारे में विशिष्ट जानकारी देनी पड़ती है।

निष्पादक (कार्यान्वयन करने वाला)

यह दल उनसे बना है जो काम के आने पर वास्तव में उसे करते हैं। अजीब बात है कि इस दल को काफी बार अनदेखा किया जाता है। सॉफ्टवेयर परियोजनाओं को ख़ासतौर पर

भुगतना पड़ता है यदि उन्हें ऐसे लोगों पर सौंपा जाए जो काम की प्रकृति और उसके परिमाण को समझने की प्रक्रिया में शामिल नहीं थे। हर किसी को शामिल होना आवश्यक नहीं है। ऐसा करना अव्यावहारिक होगा। लेकिन ऐसे समूहों के नेतृत्वकर्ताओं को जितना संभव हो शामिल होना चाहिए।

सम्पादक

अगर संगठन इतना बड़ा है कि उसके कुछ कर्मचारी आंतरिक सम्पादक अथवा तकनीकी लेखक के रूप में काम कर सकें, तो उन्हें इस काम के लिए इस्तेमाल करना उचित होगा। हर कोई एक दस्तावेज़ का सम्पादन नहीं कर सकता क्योंकि इसके लिए कुछ विशिष्ट कौशल की आवश्यकता होती है। किसी योग्य व्यक्ति को प्रस्ताव की भाषा, संरचना, व्याकरण और स्वरूपण (फॉर्मेटिंग) को कई बार जांचना चाहिए, ख़ास कर तब जब दस्तावेज़ से व्यावसायिक और वित्तीय निहितार्थ जुड़े हों, और जिसे संगठन के बाहर के लोग पढ़ेंगें। दस्तावेज़ में की गई गलतियां, प्रस्ताव रखने वालों की क्षमता को बुरे रूप से प्रस्तुत करती हैं। एक सम्पादक को नियुक्त करना ज़रूरी है, भले ही वह क्यों न आपकी संस्था का सिर्फ एक भाषा विशेषज्ञ हो!

लोग अक्सर प्रक्रिया में एक संपादक को शामिल करने पर भड़क जाते हैं, यह मानते हुए कि ऐसा करना सिर्फ समय बर्बाद करता है और उनकी स्वयं की भाषा ही पर्याप्त रूप से स्वीकार्य है। एक योग्य संपादक न सिर्फ दस्तावेज को सही प्रारूप देता है, बल्कि वह इसे ब्रिकी प्राप्त करने का बेहतरीन हथियार बना देता है।

वित्त दल

अनुमानित खर्चों, देय करों और होने वाले संभावित लाभ और आय पर आधारित वित्तीय अनुमान स्वीकार्य है, यह तसदीक करने के लिए वित्त दल की राय ज़रूरी है।

कानूनी विशेषज्ञ

अगर आपके पास एक कानूनी विभाग है, तो उनकी तरफ से भी निकासी पाना आपके लिए लाभदायक होगा। वह आपको यह समझने में मदद कर सकते हैं कि:

- जो प्रस्ताव आप रख रहे हैं वह कानूनी तौर से वैध है।
- परियोजना को संभालने के लिए आप कानूनी तौर पर अधिकृत हैं।
- अगर इस प्रस्ताव में कुछ ऐसे सम्भावित भावी कानूनी निहितार्थ हैं जिसके लिए आपके संगठन को पहले से ही, औपचारिक अनुबंध (formal contract) अथवा किसी दूसरी तरह से, तैयार रहना होगा।
- प्रस्ताव में प्रयुक्त भाषा और लेखन सामग्री कानूनी तौर से वैध है। एक उदाहरण शायद किसी प्रतिलिप्यधिकार द्वारा सुरक्षित (copyright protected) छवि या फिर गोपनीय जानकारी का इस्तेमाल करे।

यह सारी आदर्श परिस्थितियां हैं और हमें पता है कि यह वास्तव जीवन में मौजूद नहीं होतीं। इसीलिए, प्रस्ताव लेखन दल की बनावट परिस्थिति अनुसार बदलती रहती है।

4. नमूनों का इस्तेमाल

हालांकि प्रस्ताव लेखन में नमूने (template) का इस्तेमाल होना आम बात है, हम किसी भी पुनः उपयोग की गयी जानकारी को उसका सही मूल्य दिए बिना इस्तेमाल नहीं कर सकते। आम तौर पर, पूर्णता सुनिश्चित करने के लिए, हमें नमूनों के उपयोग को स्वरूपण और अनुभागों के शीर्षकों के लिए दिए गए सुझावों तक सीमित रखना चाहिए। लेकिन, हर प्रस्ताव अलग होता है और सब के साथ, नमूने का हर अनुभाग शायद प्रासंगिक न हो।

कभी कभी, जिस विषय-वस्तु को लोग प्रस्ताव के लेखन में अक्सर दोहराया करते हैं, उसका वह एक नमूना बना लेते हैं। यह नतीजा है आत्मसन्तोष का। अति आत्मविश्वास

की वजह से, नमूने में लिखे गए विषय-वस्तु को कई बार सटीकता और उपयुक्तता के लिए जांचा नहीं जाता, और फिर प्रस्ताव में गलतियां पायी जाती हैं।

निगमित जानकारियों का बदलना, उन ग्राहकों का सूचीकरण जिनकी वजह से वर्तमान प्रस्ताव को लेकर शायद प्रतिस्पर्धात्मक विवाद शुरू हो, उन लोगों का ज़िक्र करना जिनके पास प्रासंगिक कौशल हो पर जो आपके साथ और काम नहीं करते, और कुछ अफ़सोसजनक परिस्थितियों में, पिछले प्रस्ताव में लिखे गए महत्वपूर्ण अनुभागों का उपयोग करना, कुछ की गई आम गलतियां हैं। समय के दबाव की वजह से, कई बार प्रस्ताव में सतही "डेजा वू" (यानि पहले भी देखा हुआ) अनुभागों को छुपाया जाता है, जो बाद में भारी पड़ता है अथवा शर्मनाक होता है। इसीलिए यह सुझाया गया है कि नमूने में लिखी गई विषय-वस्तु न हो।

यह आपके लिए बेहतर होगा कि आप हर बार नई विषय-वस्तु लिखें, अथवा कम से कम पुराने प्रस्तावों से ली गई जानकारी का सोच समझ कर तथा समीक्षा कर इस्तेमाल करें।

5. चित्रालेख (ग्राफिक्स) का इस्तेमाल

चित्रालेख (graphics) का इस्तेमाल एक स्थितिपरक निर्णय होता है; समय पर वितरित, एक सौंदर्यपरकता से उपयुक्त और पूर्ण प्रस्ताव सर्वश्रेष्ठ प्रारंभिक लाभ होता है।

बहुत सारे लोग यह मानते हैं कि चित्रलेखों का इस्तेमाल लाभदायक होता है क्योंकि वह लेखन की दृश्य संबंधी (विज़ुअल) एकरसता को तोड़ते हैं और जटिल विषय-वस्तुओं को आसानी से समझाते हैं। लोग, लिखे गई विषय-वस्तुओं से ज्यादा, चित्रालेखों को समझ पाते हैं। पर एक बुरा चित्रालेख गलतफहमी भी पैदा कर सकता है और पाठक को यह विश्वास दिला सकता है कि उसका इस्तेमाल प्रस्ताव में लिखने लायक विषय-वस्तुओं की कमी को छुपाने के लिए किया जा रहा है।

प्रतिलिप्यधिकार द्वारा सुरक्षित चित्रालेख के इस्तेमाल करने की गलती बहुत बार की जाती है जो बाद में भारी पड़ जाती है। संगठन के खुद के बनाए चित्रालेख का इस्तेमाल करना सबसे अच्छा विकल्प है। हालांकि ग्राहक के प्रतीक चिन्ह (logo) अथवा किसी और तथ्य

सांड नहीं। हास्यप्रद चित्रालेख का उपयोग न करें।

का इस्तेमाल किया जा सकता है, प्रतिलिप्यधिकार को पाद लेख (footnote) में स्वीकृति देना बेहतर होगा।

परियोजना की समयरेखा और गैंट लेखाचित्र के लिए चित्रालेख का इस्तेमाल, वितरण योग्य चीज़ों (deliverables) की एक सूची के साथ, अनुशंसित किया जाता है।

हास्यप्रद चित्रालेख का इस्तेमाल अनुशंसित नहीं किया जाता। उसका उल्टा प्रभाव पड़ सकता है क्योंकि वह काम के प्रति गंभीरता के न होना का या फिर उसे तुच्छ समझने का प्रमाण दे सकता है। जब आपको कोई शक हो, तो आप औपचारिक रहें।

6. सफलता के लिए ज़रूरी महत्वपूर्ण घटक

प्रस्ताव लेखन के उत्तरदायी व्यक्ति को पहले से ही यह निर्णय ले लेना चाहिए कि कौनसे अनुभाग इसकी सफलता के लिए महत्वपूर्ण होंगे। इसके लिए ज़रूरी है प्रतिस्पर्धात्मक स्थिति का दक्ष मूल्यांकन करना, प्रतियोगी संगठनों के बारे में ज्ञान होना, अंदरूनी क्षमता के बारे में ज्ञान होना, इत्यादि।

शायद किसी प्रस्ताव में किसी समरूप कार्यान्वित काम को उजागर करना पड़े। या शायद, उसकी वित्तीय बुनियाद के बारे में विस्तार से लिखना ज़्यादा ज़रूरी हो। किसी दूसरी परिस्थिति में प्रबंधन दल का प्रत्यय-पत्र (credentials) निर्णायक हो सकता है। या फिर प्रस्तावित समाधान में दिए गए अभिकल्प दृष्टिकोण (design approach) को शायद सामान्यतः अनुशंसित मात्रा से, ज़्यादा विस्तार की ज़रूरत पड़े। आपको शायद यह पता है कि ग्राहक का दूसरे विक्रेता के साथ पिछली किसी परियोजना में काम करने का अनुभव बुरा रहा है। आप शायद काम के प्रतिपादन के बाद आपकी सेवा कार्य योजना पर प्रकाश डालना चाहें। यह सारे निर्णय आपको जीतने में मदद कर सकते हैं।

यह सोचना ढीठता और घोर अतिश्योक्ति होगी कि केवल लिखित बात ही काफी है; एक प्रस्ताव के साथ ज़ोरदार व्यक्तिगत बिक्री (personal selling), दिलचस्पी का प्रदर्शन, मुस्तैदी और व्यावसायिकता, इत्यादि भी ज़रूरी हैं। इसीलिए, इस प्रक्रिया का एक महत्वपूर्ण घटक, प्रचार करना और एक औपचारिक प्रस्ताव के रखने के बाद एक प्रभावशाली प्रस्तुति देना भी होता है। व्यक्तिगत सम्पर्कों के मेल-जोल (network) का लाभ उठाना जीवन का एक मूल तथ्य है, जिसका कभी-कभी पड़ताल करनी पड़ती है। लिंक्डइन (Linkedin) किसी कारण से ही बनाया गया है, नेटवर्किंग का महत्व है।

इसीलिए, जीतने के लिए सिर्फ एक प्रस्ताव का होना काफी नहीं है। विजेताओं के पास कम से कम, निम्नलिखित विशेषताएं होती हैं:

- *बिक्री की कार्यनीति* पूर्णतया सटीक है। व्यक्तिगत अनुनय को वास्तविक प्रस्ताव के दस्तावेज़ के साथ समझदारी से इस्तेमाल किया गया है।
- यह संगठन के लिए आदर्श *मौका* है जो उसके उद्देश्यों के साथ मेल खाता है और उचित और बेहतर रूप से कर्मचारियों का उपयोग करता है।
- दोनों दलों को प्रस्ताव का *मूल्य* निष्पक्ष लगता है।
- संगठन के *पिछले अनुभव* को स्वीकारा गया है और नए काम को करते समय इसका सटीक उपयोग किया जाएगा।
- ग्राहक को *समय सारणी* (timetable) मुनासिब लगती है।

अध्याय 4

एक प्रस्ताव को व्यवस्थित करना

पहले एक ख्याल आता है; फिर उस ख्याल को एक विचार और योजना में व्यवस्थित करना पड़ता है; फिर उन योजनाओं को कार्यान्वित करना पड़ता है। और आप पाएंगे कि शुरुआत आपकी कल्पना से होती है।

– नेपोलियन हिल (1883–1970)

यह अध्याय, प्रस्ताव की संरचना के बारे में सुझाव देता है। क्योंकि हर प्रस्ताव को अद्वितीय समझना चाहिए, पाठक को यह निर्णय लेना होगा कि कौन से अनुभाग इस प्रस्ताव के लिए ज़रूरी हैं और कौन से नहीं।

1. दस्तावेज़ का खाका

यह सरल पर महत्वपूर्ण अभ्यास आपको, जानकारियां व्यवस्थित करते समय, एक व्यावसायिक रवैया बनाए रखने में मदद करता है। दस्तावेज़ की भौतिक दिखावट, पहला महत्वपूर्ण प्रभाव बनाने में मदद करती है। इसे पूरी प्रक्रिया के अंतिम समय तक के लिए नहीं रख देना चाहिए, क्योंकि उस वक़्त गलतियां होने की सम्भावना सबसे ज़्यादा होती है।

इस स्तर पर आपको निम्नलिखित चीज़ों के बारे में निर्णय लेना होगा:

- दस्तावेज़ का आवरण (कवर)
    - चित्रलेख का इस्तेमाल करें या नहीं
    - किस तरह के कागज़ का इस्तेमाल करें
    - आपके प्रतीक चिह्न (लोगो) का स्थान
    - आपके ग्राहक के प्रतीक चिह्न का स्थान
    - शीर्षक का स्थान

चित्र 4.1: दस्तावेज़ के आवरण पृष्ठ का उदाहरण

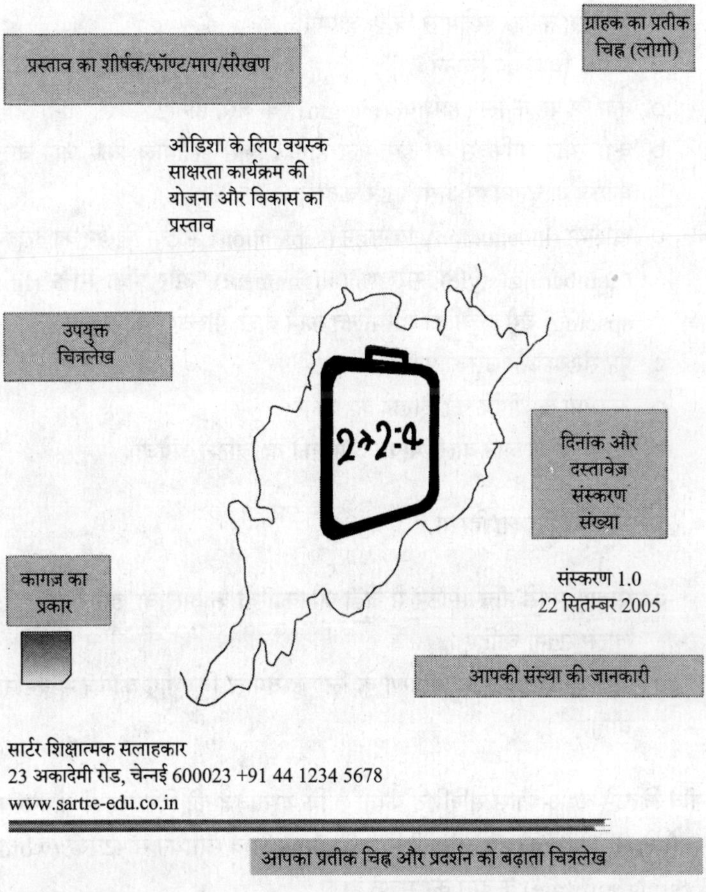

- पता जैसे संगठन से जुड़ी जानकारियों का स्थान
- लिखाई दिखने में कैसी होगी (font type) और उसका माप (point size) क्या होगा

- दस्तावेज़
    - कौन सा कागज़ इस्तेमाल किया जाएगा
    - प्रतीक चिह्नों का स्थानन
    - क्या हर पृष्ठ के लिए हाशिया (margin) एक जैसा होगा?
    - क्या रंगीन ग्राफिक्स का इस्तेमाल होगा? इससे इस्तेमाल किए जाने वाले कागज़ के चुनाव पर असर पड़ सकता है।
    - हाशिया (indentation), विभाजन (separation), संख्या लिखने का तरीका (numbering style), सरेखण (alighnment), और पंक्ति रिक्ति (line spacing) जैसे तत्वों को सम्मिलित करने वाले, परिच्छेद की प्रकृति
    - पृष्ठ संख्या और उसका प्रकार
    - अनुभाग के शीर्षक को लिखने का प्रकार
    - इस्तेमाल की जाने वाली भाषा- अमरीकी या ब्रिटिश अंग्रेजी
- दस्तावेज़ का पिछला हिस्सा
    - सिवाए सबसे नीचे संगठन से जुड़ी जानकारियों के अलावा, इसे साधारणतः खाली रखना चाहिए
    - इसे भी, दस्तावेज़ के आवरण के लिए इस्तेमाल किए गए कागज़ से बनाना चाहिए

यह नींव बिछाने का अभ्यास सुनिश्चित करता है कि दस्तावेज़ की दिखावट में सामंजस्य रहे। इनमें से अधिकांश को हम आसानी से एक सामान्य शब्द संसाधन सॉफ्टवेयर (word processing software) के द्वारा कर सकते हैं।

इस्तेमाल किये जाने वाला व्याकरण कभी भी उत्तम पुरुष में नहीं होना चाहिए ('मैं' या 'हम' जैसे शब्दों का इस्तेमाल न करें)। जितना हो सके, "हम इस काम को तीन महीनों में कर देंगे" जैसी बातों को कहने से अपने आप को रोकें। इसकी जगह "हमारा संगठन" या "हमारी

चित्र 4.2: एक दस्तावेज़ की दिखावट

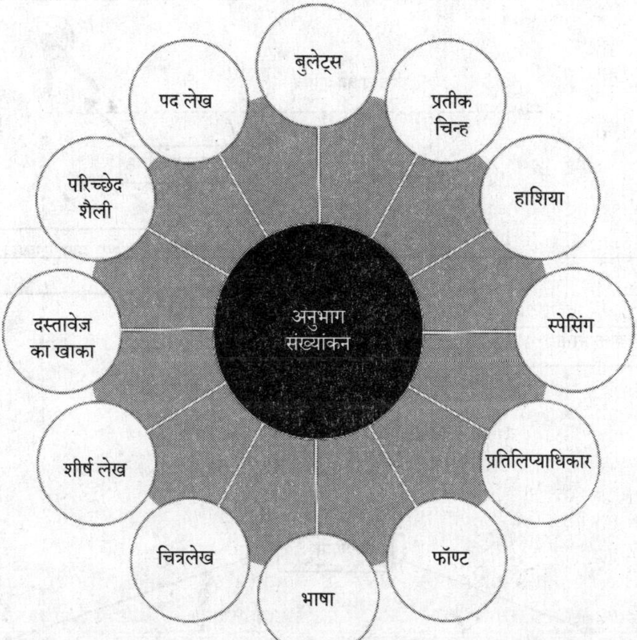

संस्था" या फिर संगठन के नाम का इस्तेमाल करें। उदाहरण: "क्यूबिक सॉफ्टवेयर इस काम को चार महीनों में कर देगा।"

लिखने की शैली औपचारिक होनी चाहिए। "हम बिंदास काम करते हैं" जैसी चालू भाषा, शब्द संक्षेपन (जैसे *It's* या *Company'll*) अथवा 'एफ़.वाई.आई' जैसे संक्षिप्त रूप का इस्तेमाल न करें। जैसे, यह कहना कि "एफवाईआई (यानी आपकी जानकारी के लिए बता दें – FYI: For Your Information) हमारा संगठन इस काम को भुगतान आदेश के मिलने के बाद दो हफ़्तों में कर देगा," स्वीकार्य नहीं है। पर यह कहना कि, *"हमारा संगठन इस काम को भुगतान आदेश के मिलने के बाद दो हफ़्तों में कर देगा,"* सही है।

चित्र 4.3: दस्तावेज़ के तत्व

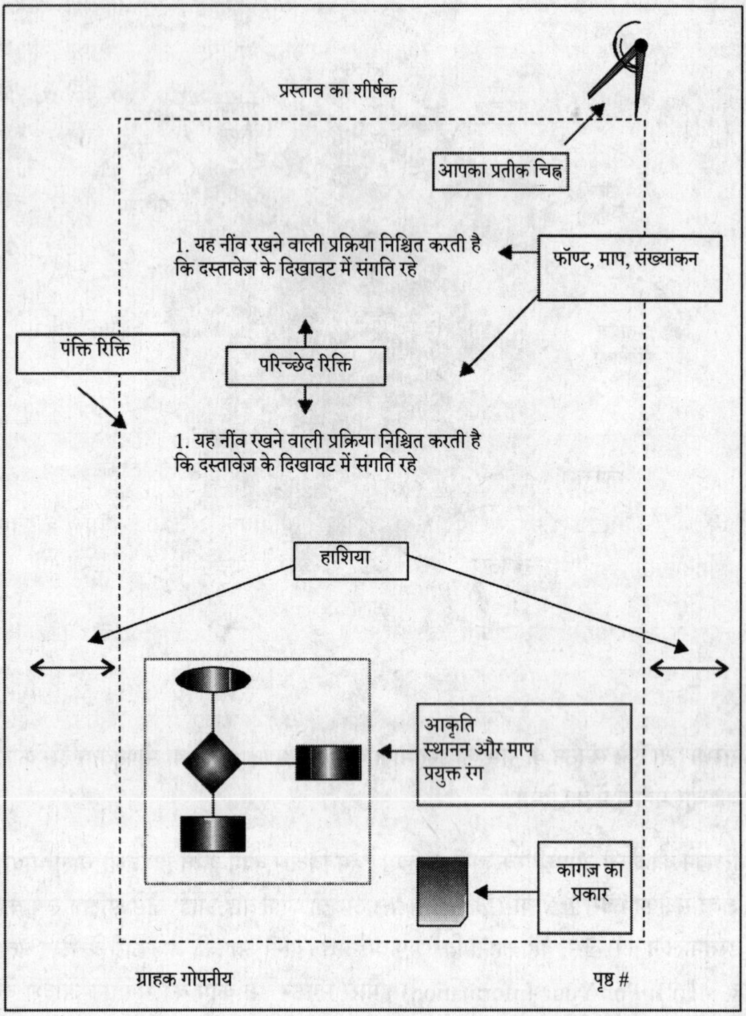

यह भी ध्यान में रखें की ग्राहक के प्रतीक चिन्ह का इस्तेमाल, उनके द्वारा दूसरे व्यापारिक कामों में उसके इस्तेमाल की अनुरूपता में होना चाहिए। *उस प्रतीक चिह्न (लोगो) के रंग अथवा आकार का परिवर्तन किसी भी परिस्थिति में न करें। और, अगर आप इस व्यापार को पाने में सफल होते हैं, तो फिर संगठन की विवरणिका (company brochure) और वेबसाइट जैसे किसी भी उत्तरवर्ती काम के लिए, उनके लिखित अनुमति के बिना, इस प्रतीक चिन्ह का इस्तेमाल न करें।*

अब हम असली विषय-वस्तु के लेखन की तरफ बढ़ सकते हैं।

2. प्रावरण पत्र (कवर लेटर)

हालांकि, प्रावरण पत्र (cover letter) को साधारणतः प्रस्ताव के दस्तावेज़ के अंदर शामिल नहीं किया जाता, इसे इस दस्तावेज़ के साथ ही रखना पड़ता है। यह संस्था के सबसे उच्च स्तर के साझेदार की तरफ से, ग्राहक की संस्था के समान दरजे के कर्मचारी के लिए संबोधित होना चाहिए।

यह संगठन के नियमों को दर्शाता एक दस्तावेज़ (protocol document) है, जो हलके से, ग्राहक के प्रति प्रस्ताव रखने वाले संगठन की ओर से ज़रूरी, एक भृत्यभाव के होने का प्रदर्शन करता है। यह इस बात को विशिष्ट रूप से दर्शाता है कि ग्राहक के पास निर्णय लेने की ऐसी एक क्षमता है जो प्रस्ताव रखने वाले संगठन पर प्रभाव डाल सकती है।

प्रावरण पत्र में सिर्फ निम्नलिखित बातें होनी चाहिए:

- प्रस्ताव को रखने का मौके देने के लिए आभार, जो व्यापक और प्रतिस्पर्धात्मक है।
- प्रस्ताव रखने वाले संगठन के योग्य होने का और इस काम को मिलने पर खुद को सम्मानित समझने का और हर प्रश्न के उत्तर को देने के लिए उपलब्ध रहने का प्रमाण दर्शाते हुए कुछ शब्द।

इस दस्तावेज़ को हम प्रस्ताव लेखन के पूरा होने के बाद लिख सकते है। प्रावरण पत्र को निवेदित न करना, व्यावसायिकता और काम के प्रति गंभीरता के न होने का प्रमाण दे सकता हैं।

3. कार्यकारी सारांश

एक कार्यकारी सारांश का मूल उद्देश्य, ग्राहक के संगठन के प्रमुख के सामने, एक या दो पृष्ठों में, पूरे प्रस्ताव के सार को प्रस्तुत करना होता है। यह मानना बिलकुल वैध है कि संगठन के प्रमुख प्रबंधक इस प्रस्ताव में लिखे मूल्य निर्धारण, योग्यता, अवधि और समाधान निकालने की पद्धति जैसे मुख्य तत्वों को जल्द से जल्द पहचानना चाहेंगे, ताकि वह सबसे उच्च स्तर का मूल्यांकन अथवा तुलना कर पाएं।

'सारांश' शब्द खुद एक सुराग देता है; पूरे दस्तावेज़ की केवल मूल जानकारियों को संक्षिप्त रूप में लिखना है, जो किसी उच्च स्तर के पाठक के लिए प्रासंगिक होगा। *एक कार्यकारी सारांश एक प्रावरण पत्र का प्रतिलिपि मात्र नहीं होता।* पहले में ज़्यादा विषय-वस्तु होती है और दूसरे में संगठन के नियमों को दर्शाया जाता है।

एक अच्छे से लिखा कार्यकारी सारांश, निर्णय लेने की प्रक्रिया में सकारात्मक सहायता करता है। क्योंकि काफी बार, संस्था के बारे में बनी पहली धारणा महत्वपूर्ण साबित होती है, यह सारांश, भाषा में त्रुटिहीन और अति उत्कृष्ट होना चाहिए, इसके पीछे का विचार स्पष्ट तरह से संरचित होना चाहिए और इसमें इस्तेमाल किए गए वाक्य व्याकरण की दृष्टि से सही होने चाहिए। अगर यह मान लिया जाए कि एक व्यस्त, बड़े पद के कार्यकारी अधिकारी के पास बस कुछ मिनटों का समय है पहली धारणा बनाने के लिए, तो फिर कार्यकारी सारांश को प्रभावशाली होना चाहिए और अगर हो सके तो केवल एक पृष्ठ में, या फिर ज्यादा से ज्यादा दो पृष्ठों में, सारे अर्थपूर्ण तत्वों को उसे व्यक्त करना चाहिए। अंततोगत्वा, इसे पाठक को पूरे प्रस्ताव को विस्तारित रूप में पढ़ने के लिए मजबूर करना चाहिए।

इस सारांश से यह साफ़ हो जाना चाहिए कि:

- मौके अथवा समस्या को अच्छे से समझा गया है।
- प्रस्ताव रखने वाले संगठन को इस मौके में बहुत दिलचस्पी है। उसे यह यकीन है कि उसके पास यथार्त योग्यता और काम के उदाहरण मौजूद हैं, जिन्हें प्रस्ताव में भी दर्शाया गया है।
- एक समाधान करने वाली पद्धति को रूप दिया गया है और उसे शक्य पाया गया है; इस पद्धति का विस्तारित रूप से प्रस्ताव में वर्णन किया गया है और कार्यकारी सारांश में भी इसका संक्षिप्त रूप से उल्लेख किया गया है।
- प्रदेय वस्तुओं को अच्छे से समझा गया है।
- मौके के मूल्य को स्थिर किया गया है और उसका इसमें उल्लेख भी किया गया है, जिसे एक विशिष्ट समय अवधि में संपन्न भी किया जाएगा।

एक कार्यकारी सारांश के बिना, पाठक शायद हर जगह बिखरे हुए सूचक शब्दों (keywords) को ढूंढते हुए, दस्तावेज़ को बढ़ती अधीरता के साथ पढ़े। उनके हाथ शायद प्रासंगिक जानकारी न लगे और इस बात से शायद वह असंतुष्ट हों। वह एक मुख्य निर्णयकर्ता हैं और उनका समय मूल्यवान है।

4. भूमिका

इस छोटे से अनुभाग की ज़रूरत, इस दस्तावेज़ के प्रारंभ को समझाने के लिए है। इस प्रस्ताव को क्यों विकसित किया गया था? क्या यह किसी आरएफ़पी (RFP) के जवाब में था? क्या किसी इमेल की अदला बदली या फिर किसी व्यापारिक मुलाकात के नतीजे स्वरुप, इस प्रस्ताव को लिखना और रखना पड़ा था? क्या कहा गया था और वह किसने कहा था? किस बात को प्रयोगात्मक रूप से इस समस्या का विवरण मान लिया गया था?

यह अनुभाग, दस्तावेज़ के बाकी भागों को व्यवस्थित करने में मदद करता है और प्रत्यय तथा अनुनय के साथ, लेखन के सटीक स्वर को स्थित करता है। पाठक को तुरंत एहसास हो जाना चाहिए कि लेखक ने अच्छी तरह से समस्या को समझा है।

ऊपर से, आपकी योग्यता, अनुभव और ख्याति पर आरंभ में लिखे गए कुछ शब्द, आपके लिए लाभदायक हो सकते हैं।

5. 'ग्राहक का परिचय'

यहाँ आपको यह साबित करना है कि आप ग्राहक के व्यापार को अच्छे से समझते हैं। एक विचारशील निर्णयकर्ता यह जानने की कोशिश करेंगे कि क्या आप विवरणिका और वेबसाइट में उपलब्ध जानकारियों को पढ़ने के आलावा भी, संगठन के काम के बारे में अलग से खबर रखते हैं? केवल वेबसाइट में उपलब्ध विषय-वस्तुओं का इस्तेमाल करना बेस्वाद और अनुचित होता है और यह दिखाता है कि आप सीखकर उनके बारे में कुछ नया लिखने में इच्छुक नहीं हैं। ऊपर से, ज़्यादातर, यह जानकारियां अद्यतित नहीं होतीं।

एक दूसरे दृष्टिकोण के अनुसार, हम इस अनुभाग को पूरी तरह से टाल सकते हैं। एक ऐसे अनुभाग पर समय और कागज़ क्यों बर्बाद करें, जिसे निरर्थक होने की वजह से, ग्राहक शायद न पढ़ें? लेकिन, यह एक गलत धारणा है, क्योंकि ग्राहक अपने बारे में जानकारी नहीं ढूंढ़ रहे, बल्कि वह इस बात का सबूत ढूंढ़ रहे हैं कि आप उनके काम को समझते हैं और उसमें दिलचस्पी रखते हैं। इसका मतलब, शायद आप यह भी दिखाना चाहें कि आपको,

प्रतिद्वंदियों की जानकारी, उत्पाद का मूल्य निर्धारण, मुख्य कार्यकर्ता की पृष्ठभूमि और इन जैसी कई और बातें पता हैं, जो आम तौर पर जनता को उपलब्ध न हों। आपको यह निम्नलिखित बातें, इस अनुभाग में लिखने के बारे में सोचनी चाहिए:

- संस्थापकों के नाम और संगठन की स्थापना के पीछे मूल धारणा को दर्शाते हुए, संगठन का इतिहास।
- वह वर्तमान में किस क्षेत्र में और क्या काम करते हैं।
- उनकी उत्पाद और सेवाएं क्या हैं और उनके ग्राहक कौन हैं।
- संगठन को कौन चलाता है और उनकी पृष्ठभूमि क्या है।
- सार्वजनिक रूप से उपलब्ध वित्तीय जानकारियां।
- मुख्य प्रतिद्वंद्वी (अगर यह संवेदनशील मामला न हो तो)
- पिछले कुछ प्राप्त की गईं और पूरी की गईं परियोजनाओं को शामिल करते हुए, ग्राहक की महत्वपूर्ण उपलब्धियां।
- अगर उपयुक्त हो तो, वर्तमान में मौजूद, कानूनी और नियामक परिवर्तन जैसी चुनौतियां।

अब यह तो आप समझ ही सकते हैं, कि आपको किसी कांड अथवा मुनाफ़े की गिरावट जैसी नकारात्मक जानकारी के बारे में नहीं लिखना चाहिए।

6. 'हमारा परिचय'

इस ज़रूरी अनुभाग को काफी बार अंत के लिए रखा जाता है। इसे अंत के लिए रखने का मतलब तब बनता है, जब आप और आपके ग्राहक के बीच में रिश्ता काफी समय से मौजूद हो। ऐसा करने के लिए, ग्राहक से आपकी जान पहचान और उनके प्रस्ताव के मूल मुद्दे तक पहुंचने की शीघ्रता को, आप वाजिब तर्क समझ सकते हैं।

लेकिन, कुछ परिस्थितियों में, आप इस (काफी विस्तृत) अनुभाग को एकदम सामने की तरफ रख सकते हैं, क्योंकि आप जल्द से जल्द, ख़ासतौर पर प्रतिस्पर्धात्मक स्थितियों में,

ग्राहक को अपनी संस्था के सकारात्मक गुणों की तरफ आकर्षित करना चाहेंगे। दस्तावेज़ में इस अनुभाग का स्थान, आपके मूल्यांकन के अनुसार बदलेगा।

यहाँ, आपको यह जानकारियां शामिल करनी चाहिए: आपकी संस्था कब स्थापित हुई थी, उसका लक्ष्य, हासिल उपलब्धियां, विकसित किए गए उत्पाद (विशेषतौर पर जो प्रासंगिक हैं, उनपर जोर दिया जाए) और सेवाएं और दूसरों से मिले प्रशंसा पत्र।

यह आपके संगठन के छाप (branding) छोड़ने की जगह है और इसे कुशलता के साथ संभालना होगा। अगर आप, अपने आप को, यहाँ अच्छी तरह से स्थापित (positioning) नहीं करते, तो फिर कौन करेगा? ग्राहक की तरफ से आपके मुख्य संपर्क को आपके बारे में सब पता होने के बावजूद, आपका रखा हुआ प्रस्ताव आखिर में वे सब पढ़ेंगे जो आपसे अपरिचित हों।

यह अनुभाग ज़्यादातर व्यापारिक वेबसाइट का हिस्सा होता है। यहाँ से जानकारियों को लेकर (उन्हें अद्यतित मानते हुए), इस परिस्थिति से प्रासंगिक, दूसरे तत्वों के साथ जोड़ कर उन्हें संवर्धित किया जा सकता है।

7. 'समस्या के बारे में हमारी समझ'

समस्या को समझकर उसे सटीक ढंग से व्यक्त करना, पाठक पर एक सकारात्मक मानसिक प्रभाव डाल सकता है। अगर उत्तरवर्ती समाधान पाठक की सोच से मेल न भी खाता हो तो, यह दिखाना कि आप समस्या को समझते हैं, जाहिर करता है कि आपकी सोच व्यवस्थित है और आप किसी भी बात को बस मान नहीं लेते। इसी वजह से, शायद ग्राहक आपको कोई और समाधान प्रस्तुत करने का दूसरा मौका देना चाहें, या कम से कम, इस विषय में आपसे बात करें। चाहे कितनी भी यह समस्या साधारण लगे, यह बात हमेशा सच होती है। आख़िरकार, यही समस्या ग्राहक को इतनी दूर तक लायी है। उन्होंने, कम से कम अवचेतन रूप में, समस्या के समाधान को निकालने के लाभ पर, एक मूल्य निर्धारित किया है। इसका मतलब यह भी है कि इस समस्या के समाधान को निकाल कर, इसका लाभ उठाने के लिए, वह पैसे खर्च करने को तैयार हैं।

इसीलिए, यह सुझाव दिया जाता है कि थोड़ा समय निकाल कर इस समस्या को फिर से बयान किया जाए, क्योंकि आपने इसे समझा है और आप निम्नलिखित बातों को लेकर चर्चा करना चाहते हैं:

- यह समस्या कैसे ग्राहक को प्रभावित करती है (अगर यह जानकारी उपलब्ध हो तो)
- कैसे इसका समाधान निकालना ग्राहक के लिए लाभदायक हो सकता है

उदाहरण के तौर पर, हाल ही में घटे एक मामले के बारे में लेखक की जानकारी के अनुसार, एक एनजीओ को स्वयंसेवकों को रखने में समस्या हो रही थी। बड़ी तादात में, स्वयंसेवकों के छोड़ के जाने पर, उसे बार बार एक ही बुनियादी प्रशिक्षण को दोहराना पड़ रहा था और वह अपने अभियानों और योजनाओं को सटीक ढंग से बना नहीं पा रही थी। इस प्रकार, समस्या के विवरण, 'कैसे हम और प्रभावी रूप से स्वयंसेवकों को अपने पास रखें' को फिर से इस तरह से व्यक्त करना होगा: 'कैसे हम स्वयंसेवकों को बेहतर संभालते और प्रेरित करते हुए उन्हें हमें छोड़ कर जाने से रोकें?' उसके बाद आपको स्पष्ट रूप से यह बताना होगा की कैसे समस्या का हल निकालना, एनजीओ की योजनाओं को और प्रभावशाली बनाने में मदद करेगा।

यह पुन: कथन, स्वयंसेवक प्रबंधन (volunteer management) अथवा किसी और तरह की समस्या के समाधान को निकालने के अतिरिक्त फायदों को, ढूंढ निकालने की आपकी रचनात्मकता का वर्णन करता है।

8. 'हमारी पद्धति'

यह अनुभाग, प्रस्ताव का मूल अंश है। ग्राहक को इसी की तलाश है। अगर यह मान लिया जाए कि आप प्रभावशाली ढंग से प्रमाणित करने में सफल हुए हैं कि आप समस्या को अच्छी तरह से समझते हैं, ग्राहक अब यह देखने के लिए उतसुक होंगे कि आप कैसे इस समस्या का समाधान निकालेंगे।

अब यहाँ एक दुविधा है। विस्तृत रूप से हमारी पद्धति के बारे में लिखना, पहले से ही पूरे समाधान का खुलासा कर देता है। यह काफी बार होता है, ख़ास कर तब जब मौका काफी

बड़ा हो या फिर प्रतिद्वंद्विता ज़्यादा हो। ग्राहक को प्रभावित करने के लिए, कुछ ज़्यादा ही विवरण दिया जाता है।

पर यह करना, समझौता वार्ता के समय, ग्राहक के हाथों में अत्यधिक फायदा उठाने की क्षमता दे सकता है। अतिरिक्त तौर पर, स्पष्ट और निहित गोपनीयता के समझौते होने के बावजूद, आप दूसरों को, अनजाने में ही, आपके दिए गए समाधान की योजना को चुराने का मौका दे सकते हैं। यह होना आम बात है, हालांकि यह करना अनैतिक है। बहुत बार, ग्राहक ऐसी योजनाओं की तलाश में रहते हैं, जिसे वह आतंरिक रूप में कार्यान्वित कर सकें। अथवा, शायद वह योजनाओं को मान्यता दिलाना चाहते हैं। दुर्भाग्यवश, केवल एक सुयोग्य व्यक्ति ही अंदाज़ा लगा सकता है कि ग्राहक इस मामले को लेकर कितने गंभीर हैं।

दूसरी ओर, समाधान के प्रति एक हल्का फुल्का आचरण यह दिखाता है कि आप में, सफलतापूर्वक ग्राहक की (महत्वपूर्ण) समस्या का हल निकालने की गंभीरता नहीं है। इस बात का प्रमाण होना चाहिए कि आप को स्पष्ट रूप से पता है कि समस्या का समाधान कैसे निकलना है।

पर इस बात को आप कैसे व्यक्त करेंगे?

पहले, अगर समस्या के एकाधिक समाधान हों तो उन्हें स्पष्ट रूप से दर्शाएं। यह आपकी रचनात्मकता का प्रमाण देता है और ग्राहक को सोचने पर मजबूर करता है। इसका मतलब यह भी है कि प्रस्ताव रखने वाले संगठन पर अतिरिक्त बोझ होगा, क्योंकि शायद संसाधन और वित्तीय हिसाबों को दो बार करना पड़े। अगर हो सके तो, हर समाधान के फायदे और नुकसान के बारे में लिखें।

उदाहरण के तौर पर,

- 'हम एक तीन स्तर के स्थापत्य (architecture) का प्रस्ताव रख रहे हैं, जो प्रभावपूर्ण ढंग से व्यापारिक तर्क शास्त्र (business logic) को संपुटित करता है, हालांकि जानकारियों का स्थानान्तरण करने, और बड़े पैमाने पर उपयोगकर्ता प्रशिक्षण (user training) की वजह से, इस काम को कार्यान्वित करने में शायद

ज़्यादा समय लगे। एक बार कार्यान्वित होने के बाद, यह प्रणाली तकनीकी रूप से मज़बूत और मापनीय होगी।'

- वैकल्पिक रूप से, हम एक बेहतर ग्राहक परिसेवक संरचना (client server architecture) को प्रस्तावित करते हैं, जो आंकड़ासंचय (database) को अद्यतित रखे और आरेखीय प्रयोक्ता अंतरानीक (graphical user interface; GUI) को सुधारे। इसका फायदा यह है की यह न्यूनतम व्यापारिक विघ्न सृजन करता है।' ऊपर से, उपयोगकर्ता प्रशिक्षण भी परिसीमित होगा।'

यह ज़रूरी है कि आप समाधानों को एक मानक या स्वामित्व कार्यप्रणाली में डालें।

एक कार्यप्रणाली क्यों महत्वपूर्ण होती है?

यह दो काम करती है।

पहला, वह यह दिखाती है कि आप में एक आतंरिक अनुशासन है या फिर आप प्रक्रिया के मूल्य को समझते हैं। एक कार्यप्रणाली के अनुसार काम करने से, ग्राहक को यह आश्वासन मिलता है कि बहुत सारे संबंधित मुद्दों के बारे में सोचा गया है और उन्हें संबोधित भी किया जाएगा। यह शामिल करता है व्यापारिक क्रमाचार के बारे में रपट, साक्षात्कार और जानकारी इकट्ठा करने की तरकीब, परीक्षण, रपटें, परियोजना प्रबंधन, इत्यादि। अगर आप वास्तव में एक कार्यप्रणाली को मान कर चलते हैं, तो आपकी परियोजना के सफल होने की एक वाजिब उच्च संभावना है। इसके साथ, यह अनुभव भी दर्शाता है; यह कार्यप्रणाली शायद बेहतरीन कार्य प्रथाओं का आसवन हो, जिसे इस परियोजना में इस्तेमाल किया जाएगा; अधिकांश ग्राहक यही पसंद करेंगे।

दूसरा कारण अंदरूनी है। वह दिखाता है कि आपके पास इस प्रक्रिया को कार्यन्वित करने के लिए एक ढांचा मौजूद है। अगर इसे मान कर चला जाए (चाहे वह यंत्रवत् रूप में क्यों न हो), कार्यकर्ताओं को यह आश्वासन मिलेगा कि उन्होंने अपनी पूरी क्षमता लगा कर यह काम किया है और उम्मीदों पर खरे भी उतरे हैं। यह नए कर्मचारियों को आसानी से सम्मिलित भी करेगा, जिससे उन्हें लगेगा कि वह ऐसे एक व्यावसायिक संगठन के साथ जुड़े हैं जो अनौपचारिक रूप से काम नहीं करता।

कुछ लोग तर्क करते हैं कि कार्यप्रणाली का इस्तेमाल करना, रचनात्मकता को दबाते हुए, काम में एक अनम्यता लाता है। पर यक़ीनन ऐसा मामला नहीं है; अपनी रचनात्मकता को व्यक्त करने का मौका काम को करने के दौरान आता है। प्रस्ताव विकसित करने के इस स्तर पर, एक व्यवस्थित कार्यप्रणाली और नियम-निष्ठता का होना ज़्यादा महत्वपूर्ण होता है। एक औपचारिक दस्तावेज़ होने के कारण, एक प्रस्ताव को व्यावसायिक क्षमता का प्रमाण देना चाहिए न की एक अव्यवस्थित आचरण का।

इसीलिए, इस अनुभाग में निम्नलिखित विवरण होना चाहिए:

1. समाधान की संरचना या ढांचे का आरेखीय प्रतिदर्श-तकनीकी या अन्यथा। इसके बाद, सरल भाषा में, समाधान का वास्तविक विवरण आना चाहिए। आप मान्यताओं की सूची बना सकते हैं, पर उनको विस्तृत रूप में न लिखें। जैसे कि, आप यह लिख सकते हैं कि एक नयी मुल्यांकन विधि की योजना की जायेगी पर आप को इस स्तर पर नमूना दिखाने की ज़रूरत नहीं। अथवा, आप यह कह सकते हैं कि 'क' प्रौद्योगिकी को इस्तेमाल करके आप एक नयी जीयूआई (ग्राफिकल यूज़र इंटरफेस) का सृजन करेंगे, या नयी प्रश्नावली की संरचना करेंगे, पर शायद आप इसका एक विस्तृत उदाहरण न देना चाहें। इन दोनों परिस्थितियों में, इन्हें परियोजना को कार्यन्वित करने के दौरान विकसित करना चाहिए।
2. प्रयोजन- क्या यह एक ही बात को बढ़ाके लिखना है? बिलकुल भी नहीं। इस उप-अनुभाग में प्रदेय वस्तुओं की सीमाओं का वर्णन होना चाहिए- क्या प्रदत्त होगा और क्या नहीं।
3. काम के शुरू से अंत तक लगने वाला समय; इसे हम साधारणतः एक गैंट लेखाचित्र के द्वारा दिखा सकते हैं, जो प्रदेय वस्तुओं (दर्मियानी और अंतिम) को भी पहचानता है और उनकी नियत दिनांक भी बताता है।
4. संसाधन परिनियोजन योजना (resource deployment plan)-किसे किस काम के लिए, क्यों और कब उपयोग किया जाएगा। गैंट लेखाचित्र में यह जानकारी भी होनी चाहिए।
5. अगर प्रासंगिक हो तो, उप-ठेकेदारी योजना (sub-contracting plan)। अगर कुछ काम उप-ठेकेदार करेंगे, तो उसे व्यक्त करना होगा। उदहारण के तौर पर,

विभिन्न परिस्थितियों में, आंकड़ा प्रविष्टि (data entry), कलाकृति (artwork), तकनिकी लेखन, अनुवाद, सांख्यिकीय विश्लेषण (statistical analysis), प्रश्नावली क्रियान्वयन(questionnaire administration) इत्यादि शामिल हो सकते हैं।

6. विभिन्न चरणों में, ग्राहक से आने वाली ज़रूरी जानकारियां। इनमें आंकड़े की (अंदरूनी और तृतीय पक्षकार से मिली) स्वीकृति (data approval), ग्राहक के मुख्य कार्यकर्ता की मौजूदगी, (साधारणतः) गोपन आंकड़े, इत्यादि शामिल होते हैं। इन जानकारियों का न मिलने का नतीजा भी स्पष्ट करके व्यक्त करना होगा।
7. संगठन को किस तरह के संसाधन, समाधान को कार्यान्वित करने के लिए, की ज़रूरत पड़ेगी। इसमें शामिल हो सकता है, कर्मक्षेत्र के लिए लगने वाली जगह, संगणनना के संसाधन (computing resources), कंप्यूटर आदि में काम आने वाले उपकरण और सॉफ्टवेयर (hardware and software), संचार के संसाधन (communication resources), परिवहन, और तृतीय पक्षीय जानकारी तथा रपट।
8. प्रशिक्षण योजना, अगर उसकी ज़रूरत हो, काम के दौरान या उसके बाद।
9. विकास के मुख्य तत्व, जिनमें वास्तविक भुगतान और प्रदेय वस्तुओं की स्वीकृति पर की गयी मान्यताओं को लेकर एक स्पष्ट विवरण भी शामिल हो। यानि, आपको यह स्पष्ट तरह से लिखना होगा कि कौनसी चीज़ें यह दिखाएंगी कि प्रदेय वस्तुओं को स्वीकारा गया है। और, आपको यह भी विशिष्ट रूप से दर्शाना होगा कि कितने समय के बाद, इन चीज़ें के न मिलने पर, यह मान लिया जाएगा कि प्रदेय वस्तुओं को स्वीकृति मिली है।
10. परियोजना प्रबंधन का विवरण- परियोजना को कैसे प्रबंधित किया जाएगा? ग्राहक और सेवा प्रदाता की भूमिकाएं और जिम्मेदारियां क्या हैं? कौन, किस प्रारूप में, किस आवृत्ति में, किस को हाजिरी देगा? प्रगति के अनुश्रवण और विचलन को मापने के लिए कौन से साधन इस्तेमाल किए जाएंगे? इस्तेमाल किए गए समय और पैसों का कैसे मूल्यांकन, वृत्तांत और नियंत्रण किया जाएगा? विवादों को कैसे उठाया, दर्ज किया जायेगा और सुलझाया जाएगा?

11. जिस गुणवत्ता प्रक्रिया को हर स्तर पर माना जाएगा। अगर आपकी संस्था के पास अंतर्राष्ट्रीय मानकीकरण संगठन (आईएसओ) और सॉफ्टवेयर इंजीनियरिंग संस्थान की क्षमता परिपक्वता मॉडल (इसईआई- सीएमएम) जैसे कुछ गुणवत्ता प्रमाणपत्र हैं तो उसे ज़रूर प्रस्तुत करें। लेकिन, यह कहना कि आपकी क्षमता प्रमाणित है काफी नहीं है और शायद, यह आप से उम्मीदों को बढ़ाते हुए, आपके लिए उल्टा भी पड़ सकता है। आपको कुछ ऐसी गुणवत्ता आश्वासन और गुणवत्ता नियंत्रण के उदाहरण देने चाहिए, जिसे आप काम में प्रयोग करना चाहेंगे।
12. समाधान को कार्यान्वित करने के साथ-साथ आप किस हद तक उसे निभाएंगे। आईटी उद्योग में इसे 'अनुरक्षण अवस्था (maintainance phase)' कहा जाता है। दूसरे उद्योगों में भी, यह उम्मीद की जाती है कि समाधान का प्रस्ताव रखने वाला, उचित समय तक, अनुरक्षण के काम को निभाएगा। अक्सर, भुगतान का एक अंश इस काम के लिए आवंटित होता है।

9. प्रत्याशित जोखिम

हम जोखिमों के बारे में क्यों चर्चा करें? क्या बेवजह पाठकों को डराने के लिए, आपको छिद्रान्वेषी (devil's advocate) बुलाया जा सकता है?

इसके विपरीत, जोखिमों और उनका अल्पीकरण करने के तरीकों पर लिखा एक संक्षिप्त अनुभाग, एक विस्तृत पद्धति को दर्शाता है। एक परियोजना कितनी भी सुनियोजित क्यों न हो, वह शायद ही कभी बिना रुकावटों के पूरी होती है। एक मुख्य सामग्री शायद न आए, एक महत्वपूर्ण जानकारी के आने में शायद देर हो, एक मानव संसाधन शायद काम छोड़ के चला जाए अथवा शायद किसी परिणाम को लेकर कोई बहस शुरू हो। जो भी हो, यह ज़रूरी है कि काम की योजना को विकसित करने के समय, सबसे ख़राब परिस्थिति के बारे में भी योजना बना ली जाए।

ज़्यादातर परिस्थितियों में, परियोजना प्रबंधकों को जिस मुख्य 'जोखिम कारक' के लिए उत्तरदायी होना पड़ता है वह है विलंब। इसका समाधान एक प्रतिरोधी के द्वारा किया जाता

है। पर यह सिर्फ एक तरह का संकट है। थोड़े और विस्तृत विश्लेषण की ज़रूरत पड़ती है, विलंब के पीछे हर संभावित कारण को समझने के लिए। इनमें, जैसे पहले ही बताया गया है, सामग्री और जानकारी के आने में देर, अप्रत्याशित भगवान का कार्य (act of God), भुगतान समस्याएं, इत्यादि हो सकते हैं।

दूसरे जोखिमों को भी समझना चाहिए। इनमें शामिल होते हैं:

- निर्देशों में बदलाव।
- बाहरी घटनाओं की वजह से समय सारणी में बदलाव।
- संशोधन और अद्यतन।
- वित्तीय कठिनाइयां।
- पूरी परियोजना का बंद हो जाना या फिर उसके एक या एकाधिक अवयवों को निकाल फेंकना।
- प्रदेय वस्तुओं के स्वीकृत होने में देर या उनसे जुड़े विवादों की वजह से विलम्ब।
- पहुंचाया गया नुकसान।
- गुणवत्ता चिंताएं, इत्यादि।

लेकिन, सिर्फ सामान्य और विशिष्ट जोखिमों की सूची बनाना काफी नहीं है। उन्हें अलग तरीकों से हल करना पड़ता है अगर वह सच हो जाएं क्योंकि उनका अलग-अलग प्रभाव होता है। यह साधारणतः एक शमन योजना (mitigation plan) के द्वारा किया जाता है जो बताता है कि क्या और क्यों गलत हो जा सकता है, उसका प्रभाव क्या होगा और संगठन उसे रोकने अथवा न्यूनतम करने की कैसी कोशिश करेगा। उदाहरण के तौर पर, एक जोखिम को हम 'ग्राहक के संपर्क की अनुपस्थिति' के रूप से उल्लेखित कर सकते हैं, जिसका प्रभाव निर्णय लेने की प्रक्रिया पर पड़ता है। एक शमन योजना में, विशिष्ट परिस्थितिओं में निर्णय लेने के लिए, शायद एक दूसरे निर्णयकर्ता के दल के बारे में लिखा रहे।

फलतः जोखिमों पर लिखा अनुभाग ग्राहक को यह समझने में मदद करता है कि परियोजना के सफल होने में उनका दायित्व क्या है।

10. पिछले अनुभव

यह सोचना वाजिब है कि जब आप पहले भी एक समान काम सफलतापूर्वक कर चुके हैं, आपके प्रस्ताव के सफल होने की संभावना बढ़ जाती है। इस परिस्थिति में यह मान लिया जाता है कि यह परियोजना आसानी से पूरी हो जाएगी, क्योंकि इसके चालक एक अनुभवी व्यक्ति होंगे। क्या आप ऐसे किसी इंसान पर अपना घर बनाने का दायित्व देना चाहेंगे जिसे इस काम का कोई पिछला अनुभव न हो? उसी प्रकार, क्या आप ऐसे किसी विक्रेता से जावा में एक बड़ा सा सॉफ्टवेयर अनुप्रयोग (software application) बनवाना चाहेंगे, जिसने हमेशा कोबोल में ही काम किया हो? क्या आप किसी एनजीओ को वित्तीय अनुदान देना चाहेंगे बिना यह जाने की उसने पिछले कौन से काम किए हैं और निधि का कितने अच्छे से उपयोग किया है?

यह अनुभाग इसलिए बहुत महत्वपूर्ण है। पाठक को ऐसा एक संदेहवादी व्यक्ति समझना होगा, जिसे योग्यता का प्रमाण चाहिए। इसके फलस्वरूप, इस अनुभाग में आपको उन सारी प्रासंगिक परियोजनाओं के बारे में लिखना होगा, जिन पर आप काम कर चुके हैं और जिनका आप, ज़रूरत पड़ने पर, प्रमाण भी दे पाएंगे। आप निम्नलिखित बातों का विश्लेषण शामिल कर सकते हैं:

- ग्राहक का नाम (अगर इस नाम को इस्तेमाल करने की अनुमति आपको लिखित रूप में दी गयी हो तो; वरना, आप 'एक बड़ा खुदरा श्रृंखला (retail chain)' या 'दक्षिणी चीन में संचालन करने वाला एक बड़ा विमान-समवाय' जैसे पारिभाषिक का इस्तेमाल कर सकते हैं)।
- परियोजना का स्वरुप- विवरण न दें। एक संक्षिप्त विश्लेषण काफी होगा, जैसे 'भुगतान प्रौद्योगिकी उत्पाद का एकाधिक कर्मक्षेत्र में कार्यन्वित होना' अथवा 'मानव संसाधन प्रक्रियाओं का विकास'।
- परियोजना का कुछ ऐसा अनोखा पहलू जो उसे दूसरी साधारण परियोजनओं से अलग करता हो। जैसे, दिए गए पिछले उदहारण की स्थिति में, शायद यह हो सकता

है कि संगठन जिन छह देशों में संचालन कर रहा हो, उनके बीच वह एक संयुक्त मानव संसाधन विकास का ढांचा बनाना चाहे।

- कार्यान्वयन के लिए लगने वाला अनुमानित समय।
- परियोजना की सफलता का बयान और उच्च गुणवत्ता तथा दक्षता के लिए संगठन को मिला सम्मान।

किसी अलग क्षेत्र में की गयी अप्रासंगिक परियोजना के काम के बारे में न लिखें।

किसी भी हाल में गोपनीय जानकारियों के बारे में न लिखें। यह आपके खिलाफ कानूनी कार्यवाई की शुरुआत करवा सकता है और पाठक को यह शक करने पर मजबूर कर सकता है कि शायद बाद में यह गलती आप इस परियोजना के लिए भी दोहराएं।

कुछ स्थितियों में, जिस परियोजना के लिए प्रस्ताव रखा जा रहा हो, शायद वह अनोखी हो। इसका मतलब, आप और आपके ग्राहक, कभी भी ऐसी परिस्थिति से नहीं गुज़रें हैं। जैसे, वास्तविक समय के सॉफ्टवेयर (real-time software) को विकसित करते एक संगठन से शायद उसके जापानी ग्राहक, प्रणाली विश्लेषण और कार्यक्रम (System Analysis and Program; SAP) के काम को कार्यन्वित करने के लिए मदद मांगें। किसी ने भी ऐसा काम पहले नहीं किया है। इस स्थिति में संगठन, ग्राहक के साथ पहले किए गए कामों को दर्शाते हुए एक प्रस्ताव लिख सकता है और किसी ऐसे एक सामरिक साझेदार के बारे में उल्लेख कर सकता है जिसे सैप कार्यान्वयन में काम करने का तजुर्बा हो।

यह ना ही असामान्य होगा और ना ही अनैतिक। साधारणतः, ऐसे अनोखे काम को करने की दरख्वास्त के पीछे, एक आपसी समझ के स्तर का होना आवश्यक होता है। ग्राहक, कार्यकर्त्ता को पहचानते हैं और उनके साथ ही काम करना पसंद करेंगे। उन्हें यह विश्वास है कि कार्यकर्त्ता, एक योग्य साझेदार के मिलने पर, साधन-संपन्नता से समाधान को ढूंढ़ निकालेंगे और पूरे काम का प्रबंधन भी करेंगे। जो भी हो, एक औपचारिक प्रस्ताव को लिखना समझदारी होगी।

11. वित्तीय प्रस्ताव

इस पूरे अभ्यास का सत्व एक वित्तीय लेन-देन है!

"यह सब तो ठीक है," एक अप्रभावित प्रबंधक, गरजते हुए कहते हैं, "पर मुझे भुगतान कितना देना होगा?"

ज़्यादातर परिस्थितियों में, ग्राहक को, प्रस्ताव के तकनीकी गुणों को ज़्यादा महत्व देना, तर्कसंगत लगता है। लेकिन फिर भी, वित्तीय पहलू महत्वपूर्ण होता है। किए गए निवेश का एक उचित प्रतिफल होना चाहिए; कितनी जल्दी किस मात्रा में इस अभ्यास के लाभ को उपार्जित किया जा सकता है?

यहाँ, ग्राहक की परिस्थिति की पृष्ठभूमि के बारे में किया गया अनुसंधान काम आ सकता है। किसी और जगह पड़, हमने ग्राहक के प्रत्यय पत्र, साख और वित्तीय लेन-देन की तरफ साधारण रवैया को, आंकने की ज़रूरत के बारे में चर्चा की है। इसके साथ, आपको परिदृश्य को समझना होगा और प्रतिस्पर्धात्मक बोलियों के बारे में जानकारी हासिल करनी होगी। यह प्रस्ताव में एक यथार्थवाद लाएगा।

वैयक्तिक बातचीत, प्रस्तुतीकरण या प्रस्ताव के लिए निवेदन के दौरान, शायद ग्राहक के पसंदीदा भुगतान के ढांचे को समझना संभव हो। यह निम्नलिखित प्रकार के हो सकते हैं:

- समय और सामग्री
- पूरा होने पर
- मूल्य आधारित
- उपलब्धि आधारित

समय और सामग्री

समय और सामग्री को तब अधिमान दिया जाता है, जब काम की सटीक प्रकृति और परिमाण स्पष्ट न हों। इसी वजह से, कई ग्राहक इस प्रकार भुगतान करना पसंद नहीं करते,

क्योंकि वह डरते हैं की लागत का नियंत्रण करना मुश्किल हो जाएगा और उन्हें ज़्यादा पैसे देने पड़ेंगे। यह प्रतिदर्श अमरीका में ज़्यादा प्रचलित है, पर जापान और भारत में उतना नहीं।

पूरा होने पर

ज़ाहिर कारणों की वजह से, काफी ग्राहक इसे पसंद करते हैं। वह नकदी प्रवाह को आस्थगित कर सकते हैं; गुणवत्ता को निर्धारित करने में उन्हें ज़्यादा उत्तोलन मिलता है और विनिर्देशों के बदलने की स्थिति में, उन्हें प्रामुख्य मिलता है। पर प्रस्ताव रखने वाले संगठन के लिए यह विकल्प, कम से कम वांछनीय है। अनिश्चितता और नकदी बहिर्वाह पर ज़ोर डालना, एक सीमा के बाद संभव नहीं होता। इस तरह का ढांचा सिर्फ छोटी परियोजनाओं के लिए सटीक होता है।

मूल्य आधारित

ऐसी परिस्थितियों में, जहाँ काम की प्रकृति और अंत का प्रभाव मूर्त न हो, ग्राहक इस विकल्प को पसंद करते हैं। यह काफी बार, प्रबंधन सलाहकारी व्यवसाय के मामले में इस्तेमाल होता है। ग्राहक भुगतान को मासिक प्रतिधारण शुल्क (monthly retainership) में चुकाने की बात मान जाते हैं। इस तरह के भुगतान का सबसे आकर्षक भाग तब आता है, जब सलाहकारी संस्था की बात मानने पर, ग्राहक को फ़ायदा पहुँचता है। इस स्थिति में, परस्पर सहमत निष्पक्ष कार्यप्रणाली के समझौते के अनुसार, सलाहकारी संगठन को, उपार्जित लाभ पर आधारित, मुआवज़ा दिया जाता है। इसकी त्रुटि यह है कि, लाभ का निष्पक्ष रूप से मूल्य निर्धारण करना मुश्किल हो सकता है (हालांकि, नामुमकिन नहीं)। पर यह विकल्प, निश्चित रूप से, भुगतान को काम के पूरा होने तक, अंत के लिए रख देने से बेहतर है।

उपलब्धि आधारित

काम के लिए मुआवज़ा जल्द से जल्द देना चाहिए। वहीं, भुगतान का औचित्य साबित करता हुआ एक मूर्त उत्पाद अथवा प्रदेय होना चाहिए। एक सॉफ्टवेयर विकास परियोजना

(software development project) में, उदाहरण के तौर पर, इस तरह के भुगतान को स्वीकृत करते हुए कुछ बात समापक तर्क हैं:

- अनुबंध में दस्तखत करने पर
- अभिकल्प के पूरा और स्वीकृत होने पर
- संकेत-वर्गीकरण (coding) के पूरा होने पर
- परिदान करने पर
- अधिष्ठापन करने पर
- तीन महीनों के सफलतापूर्वक चालन के बाद

यह तार्किक वस्तुएं, मुआवज़े के उचित वितरण को मुमकिन करती हैं। जैसे 25 प्रतिशत दस्तखत करने पर, 20 प्रतिशत अभिकल्प के लिए, 20 प्रतिशत संकेत-वर्गीकरण को पूरा करने पर और 35 प्रतिशत परिदान और अधिष्ठापन करने के बाद।

वित्तीय प्रस्ताव को कुछ और तत्वों का उल्लेख करना चाहिए, जैसे:

- जिस लागत का चालान बनाया जाएगा उसकी प्रकृति।
- भुगतान की मुद्रा।
- आवश्यकताओं के बदलने पर, लागत पर प्रभाव, अगर कुछ हो तो।
- कब चालान बनाया जाएगा और अपेक्षित भुगतान चक्र क्या होगा।
- लागू कर; अगर कोई विदेशी वस्तु शामिल हो, तो आपको दोनों देशों की बीच के कर समझौतों को समझना होगा। ऊपर से, शायद उनमें कर की देनदारियां भी उल्लेखित हों।
- जुर्माना खंड (जैसे, अगर ग्राहक भुगतान देने में विलम्ब करें तो)।
- 'समय और सामग्री' के लिए, विभिन्न स्तरों में खर्चे को।
- विशेष उपकरण, सॉफ्टवेयर और अन्य सामग्री, जिसे परियोजना के लिए, विशेष रूप में प्राप्त करना होगा। इनमें विशेष सॉफ्टवेयर अनुज्ञप्ति (software license) भी शामिल होता है।

आम तौर पर अगर कहा जाए, एक अंतिम आंकड़े तक पहुंचने से पहले, कुछ हद तक मोल भाव होना संभावित है। एक कार्यनीति के रूप में, सबसे कम स्वीकार्य भुगतान के साथ, थोड़ा अधिक मूल्य जोड़ते हुए एक प्रस्ताव को रखना चाहिए।

12. प्रशासनिक मुद्दे

यह अनुभाग साधारणतः ज़्यादातर प्रस्तावों के लिए समान होता है। इस में शामिल होना चाहिए:

- चालान प्रक्रिया-इसे कब करना है और भुगतान को आप कब और किस रूप में पाना चाहते हैं।
- चालान में जुड़ने वाले कर।
- भुगतान का तरीका-तार स्थानांतरण (wire transfer), तीव्र अनुमार्गण संख्या (routing number), इत्यादि, और अधिकोष खाते (bank account) की जानकारी।
- विवादों की परिस्थिति में, कानूनी अधिकार क्षेत्र।
- प्रस्ताव की वैधता। एक आम नियम के अनुसार, ग्राहक के लिए, चार से छह हफ्ते, प्रस्ताव का मूल्यांकन कर उसका जवाब देने के लिए, उचित अवधि है। उसके बाद, इसको फिर से जांच कर एक नया प्रस्ताव रखना पड़ता है; हो सकता है कि परिस्थिति या विनिर्देश बदल गए हों।

13. प्रमुख व्यक्तियों की योग्यता

गतिविधियों का वास्तविक आकार, कर्मियों की गुणवत्ता पर निर्भर करता है। अनुभवी व्यक्तियों के द्वारा संचालन के बिना, एक परियोजना कुछ ही समय में विघटित हो जाती है।

यह अनुभाग, ग्राहक को आश्वासन देता है कि प्रस्ताव रखने वाले संगठन में गंभीरता है और ऐसे कुछ अति उत्कृष्ट योग्यता के लोग हैं जो इस काम के लिए अनुकूल हैं।

इस काम में शामिल होने वाले संगठन के कर्मचारियों का सिर्फ संक्षिप्त और प्रासंगिक 'थंबनेल' शैक्षिक अभिलेख एवं कार्य अनुभव (resume) दें। अगर मुमकिन हो तो, इस काम के मिलने पर वह कौनसी भूमिका निभाएंगे, उसकी एक सूची भी दें।

14. परिशिष्ट

संदर्भ सामग्री में, प्रस्ताव से प्रासंगिक परिशिष्टों (appendices) को शामिल करें।

प्रस्ताव को सटीक तरह से व्यवस्थित करना आपकी औपचारिकता दिखाता है और ग्राहक को आपके बारे में एक धारणा बनाने में मदद करता है। तर्कसंगत तरीके से जानकारियों को सही स्थान में लिखना, एक तार्किक शुरू और अंत, और एक सुसंगत दिखावट तथा स्वरूप, प्रभावशाली और आश्वासनपूर्ण होते हैं। किसी भी चीज़ को बेकार नहीं समझना चाहिए; अगर किसी 'नीरस' अनुभाग को ग्राहक महत्व नहीं भी देते हैं, उसे फिर भी पूर्णता और बाद में देने वाली सुरक्षा के लिए शामिल करना चाहिए।

असंगति और कमियों को ढूंढ निकालने के लिए, यह कार्यकारी सुझाव दिया जाता है कि प्रस्ताव की एकाधिक बार समीक्षा की जाए।

अब प्रस्ताव को रखना होगा! इस इलेक्ट्रॉनिक्स के ज़माने में, प्रस्ताव को पहले ई-मेल के द्वारा और फिर एक कागज़ में छपे दस्तावेज़ के रूप में जमा करना, आम बात हो गयी है। ई-मेल द्वारा भेजे गए दस्तावेज़ को,

- पीडीएफ़ स्वरुप में होना चाहिए,
- पासवर्ड (password) द्वारा सुरक्षित होना चाहिए, और
- डिजीटली हस्ताक्षरित किया जाना चाहिए।

और बेशक उसे अपने संगठन सचिव के ई-मेल आईडी से न भेजें!

एक आखिरी बात: समझौते के एक हिस्से के रूप में, यह संभव है कि कुछ क्षेत्रों में, ख़ासतौर पर वित्तीय अथवा समाधान के तरीकों में, प्रस्ताव का परिवर्तन किया जाए। बाद में तुलना करने के लिए, विभिन्न संस्करणों को संभाल कर रखना समझदारी होगी।

अध्याय 5

निष्कर्ष

एक योजना के बिना एक लक्ष्य सिर्फ एक इच्छा है।

ऑन्त्वन दि संत-एक्ज़्यूपेरी (1900–44)

बस यही है सार तत्व।

इंटरनेट की वजह से अंतर्राष्ट्रीय और राष्ट्रीय सीमाएं घट जाने पर, संगठनों के बीच लेन-देन अब बड़े स्तर पर होता है जिसका परिणाम, उच्च उम्मीदें, ज़्यादा विकल्पों की मांग और कठिन प्रतिद्वंद्विता हैं। हम इन्हें मिटाने की इच्छा नहीं रख सकते।

पहले, हमें सिर्फ कुछ जाने पहचाने स्थानीय, राज्य या फिर राष्ट्रीय संगठनों में से चुनना पड़ता था। पर अब, वही मौका सबको ज्ञात है और पृथ्वी के हर व्यक्ति को तुरंत उपलब्ध हो जाता है। प्रतिद्वंद्विता अनजाने कोनों से उत्पन्न होती है; अब, ग्राहक या क्लाइंट राजा की तरह हैं और ऐसे ही रहना चाहते हैं। प्रतिद्वंद्विता को प्रतिबंधित अथवा सीमित करने वाले कानून कुछ ख़ास काम नहीं आएंगे और भविष्य में उलटे भी पड़ सकते हैं; अन्तरराष्ट्रीय प्रतिद्वंद्विता को स्वतः रूप से मान लेना चाहिए।

यह मौकों का अतिरेक दिलचस्प चुनौतियों की सृष्टि करता है: संसाधन योजना में कठिनाइयां, अंदरूनी बाधाओं को मद्देनज़र रखते हुए यह निर्णय लेना कि कौन सा मौका सबसे लाभदायक होगा, इत्यादि।

इसलिए, आगे रहने के लिए कार्यान्वयन में ज़्यादा कौशलता की ज़रूरत है। पर कार्यान्वयन की स्थिति तक पहुंचने के लिए भी पिछली किसी परियोजना में विजयी होना ज़रूरी है। संभावित ग्राहक, पहले से भी ज़्यादा अब, प्रस्ताव में संगठन की क्षमता का औपचारिक प्रमाण देखना चाहते हैं। फिर वह विभिन्न प्रस्तावों की तुलना करते हुए विजयी प्रस्ताव को चुनते हैं। यह व्यावसायिकता नतीजा है बढ़ती हुई प्रतिद्वंद्विता और नियामक कानूनों की;

मूल्यांकनकर्ताओं को कभी न कभी किसी न किसी को अपने निर्णय का कारण समझाना होगा और यह प्रमाणित करना कि सारे प्रस्तावों की निष्पक्ष रूप से तुलना की गयी थी।

प्रस्ताव लेखन का काम अब केवल औपचारिकता के लिए किया गया छोटा-मोटा कार्य नहीं है। यह खुद एक परियोजना है जिसे संगठन की अंदरूनी योजनाओं के अभिसरण की ज़रूरत होती है। इसका नतीजा एक ऐसा मूल दस्तावेज़ होता है जिसके बिनाह पर बहुत सारे आंतरिक और बाह्य दांव लगाए जाते हैं। इसके साथ, कुछ कानूनी और औपचारिक निहितार्थ भी होते हैं। संगठनात्मक और व्यक्तिगत प्रतिष्ठा को भी विचारना पड़ता है और इस बात को भी कि वित्तीय निर्णय भी इस प्रस्ताव पर निर्भर करता है।

एक तरह से, प्रभावी प्रस्ताव लेखन एक संगठन के सामूहिक प्रतिस्पर्धात्मक क्षमता को एक निश्चित रूप देता है। एक प्रभावी, 'सफल होने वाले' प्रस्ताव का लेखन यह दिखाता है कि एक संगठन ने कैसे अपने कार्यक्षेत्र में अपने आप को नए बहाव के साथ परिचित रखा है और उसे किस हद तक यह पता है कि प्रतिद्वंद्विता कैसे और कितने अच्छे से करनी है।

बहुत सारे अंदरूनी निर्णय, निम्नलिखित सन्दर्भों को नज़र में रखते हुए लेने चाहिए:

- क्या हमें प्रतियोगिता करनी चाहिए?
- ग्राहक कौन है? उनकी प्रतिष्ठा कैसी है?
- क्या हमारे पास क्षमता, अनुभव और संदर्भ हैं?
- प्रतिद्वंद्वी कौन है? क्या हमारी प्रतिस्पर्धात्मक बुद्धि अच्छी है?
- इस मौके से हमें क्या फायदा होगा? क्या इसमें कोई अवसर लागत है?
- किसे दस्तावेज़ के लेखन का उत्तरदायित्व लेना चाहिए? कौन इसमें शामिल होंगे?
- प्रस्ताव को कैसे व्यवस्थित करना है?
- क्या हमारा दृष्टिकोण ठोस है? हम कैसे अपने आप को अद्वितीय साबित करें? क्या हमने कार्य-प्रणाली के द्वारा, आयोजित सोच का प्रमाण दिया है?
- हम आर्थिक रूप से कैसे मुनाफा कमाएं? इस प्रस्ताव का कैसे मूल्य निर्धारण किया गया है और इसके कार्यकलाप और उपलब्धिओं के बीचे में निर्भरताएं

(milestone dependencies) क्या हैं? अगर हमें भुगतान न दिया जाए, तो क्या हमारे पास कोई दूसरा रास्ता है?

- प्रस्ताव को रखने के बाद हमें क्या करना चाहिए?

एक प्रस्ताव, प्रभावशाली व्यापारिक लेखन का श्रेष्ठ उदाहरण है। अच्छा लेखन, संगठन के बारे में अच्छी धारणा और छवि बनाता है। पाठक की कल्पना को समझकर उसे यह यकीन दिलाना कि आप में उसके काम को पूरा करने की योग्यता है, मौके को पाने के लिए आपकी क्षमता का सर्वश्रेस्ट प्रमाणपत्र होगा। इसके बाद, यह आप पर निर्भर करता है कि आप कैसे इस कार्य को पूरा करेंगे।

परिशिष्ट 1

प्रस्ताव के लिए निवेदन (Request for Proposal)- आरएफपी

वेबसाईट webopedia.com ने एक आरएफपी का वर्णन कुछ इस तरह से किया है:

> *एक प्रस्ताव के लिए निवेदन पत्र (रिक्वेस्ट फॉर प्रपोजल), ऐसा एक दस्तावेज़ है जिसे एक संगठन किसी विक्रेता को कंप्यूटर आदि में काम आने वाले उपकरण, सॉफ्टवेयर, सेवाओं अथवा इन तीनों के मिश्रण पर बोली लगाने के लिए भेजता है। साधारणतः एक संगठन प्रतिस्पर्धी बोलियों का मूल्यांकन करने के लिए, एक आरएफपी को जारी करता है।*

मतलब, एक आरएफपी के द्वारा ऐसे मानकीकृत प्रस्तावों की मांग की जाती है जिनकी आसानी से तुलना की जा सके। आरएफपी भेजने वाले संगठन के लिए एक और फायदा यह है कि, अगर भविष्य में, आरएफपी के अस्पष्ट रूप से रखे गए (जिसे शायद ऐसे ही रखना चाहिए) नियमों की वजह से, कुछ गड़बड़ होती है तो, लेखा परीक्षकों (auditors) को अंदरूनी तरह से दोष[1] निकालने का ज़्यादा मौका नहीं मिलेगा। यानि, विक्रेता के चयन के निर्णय तक पहुंचने वाले मानदंड इसमें वर्णित होने चाहिए-केवल दाम? तकनीकी योग्यता? अनुभव? प्रबंधन कर्मचारी? संदर्भ? पंजीकृत इकाई या फिर ऐतिहासिक रूप से वंचित सामाजिक समूह? इनका सही भारित मिश्रण और दूसरे मानदंड?

साधारणतः, हम एक आरएफपी से इन निम्नलिखित चीजों के वर्णन की आशा कर सकते हैं:

- दस्तावेज़ का अपेक्षित ढांचा।
- पंजीकरण से जुड़ी कोई भी जानकारी। कई संगठन केवल उन विक्रेताओं के साथ काम करते हैं जो छाननेवाले मानदंडों का पालन करते हुए पहले से ही संगठन के साथ पंजीकृत हों।

[1] सत्ता का गलत इस्तेमाल, भ्रष्टाचार अथवा अक्षमता।

- परियोजना का पैमाना।
- प्रस्ताव रखने के लिए समय सीमा और प्रासंगिक उपलब्धयों की तालिका।
- प्रदेय वस्तु और प्रारूप।
- अनुमानित बजट।
- अगर पता हो तो, चयन का लगभग अनुमानित मानदंड।
- अपेक्षित गुणवत्ता और प्रदर्शन मानक।
- खराब प्रदर्शन के लिए दंड।
- अपेक्षित तकनीक।
- पिछले अनुभव।
- प्रदेय वस्तुओं के स्वीकृत होने का मानदंड।
- अयोग्य घोषित होने का मानदंड, इत्यादि।

दरअसल, हम केवल प्रस्ताव की अपेक्षित संरचना के बारे में बात कर रहे हैं, जो संगठन के स्पष्ट रूप के कहे अनुसार, थोड़ा ज़्यादा विस्तृत होना चाहिए।

व्यवहारतः हम देखते हैं कि बहुत से देशों में, प्रतिस्पर्धात्मक कार्य क्षेत्र को प्रतिबंधित करने वाले सरकारी नियमों की वजह से, सरकारी संस्था से जारी किया गया आरएफपी, विक्रेताओं को मूल्यांकन करने के मानदंड को पूरा करने के लिए संयुक्त उद्यम बनाने पर विवश करता है। जैसे, मलेशिया की *भूमिपुत्र* नीति, गैर मलेशियन विक्रेताओं को बोली लगाने के लिए कुछ अनुपात में मलेशियन संगठनों के साथ संयुक्त उद्यम बनाने पर विवश करती है।

विक्रेता के दृष्टिकोण से देखा जाए तो, एक आरएफपी का फायदा यह है कि कैसी जानकारी, किस प्रारूप में अपेक्षित है, इस बात को लेकर बहुत कम अस्पष्टता रहती है। लेकिन, यह फिर भी, विचारने के लिए, कुछ और मुद्दे पैदा करती है:

- एक *आदर्श* परिस्थिति में, किसी अंदरूनी रास्ते के फायदे को नकारा जाता है[2]।
- प्रतिस्पर्धात्मक परिदृश्य अपेक्षा से शायद बड़ा हो।

[2] व्यवहारतः 'अंदरूनी रास्ता' अक्सर ऐसे काम करता है कि, आरएफपी को इस तरह से बनाया जाता है कि वह सबसे प्रभावशाली विक्रेता का ही चयन निश्चित करे!

- ग्राहक की समस्या को सारे प्रतिद्वंद्वी समान रूप से अच्छी तरह से समझते हैं। बड़े आरएफपीयों के लिए, अक्सर अवशिष्ट शंकाओं को दूर करने के लिए विक्रेता सम्मेलन का आयोजन किया जाता है; यह प्रतिद्वंदियों को एक दूसरे की विचार प्रक्रिया को समझने में मदद करता है।
- मानदंड को पूरा करने के लिए, विक्रेता को शायद किसी और संगठन के साथ संयुक्त होने पर मजबूर किया जाए-जैसे पूंजीकरण, अनुभव या फिर कुछ और।

परिशिष्ट 2

इंटरनेट संसाधन

यहाँ कुछ संसाधन हैं जिसे शायद आप उपयोगी पाएँ। ज़रूरी नहीं कि यह सारे उत्पाद और जानकारियां किसी के द्वारा समर्थन किए गए हों।

प्रस्ताव के लेखन पर

http://www.betterwritingskills.com/index.html
यहाँ आपको बेहतर व्यापारिक लेखन पर उपयोगी सुझाव मिलेंगे। आपको कुछ मुफ्त के लेख और समाचार पत्र डाउनलोड करने के लिए मिलेंगे और कुछ ई-पुस्तकें भी मिलेंगी जिन्हें आप खरीद सकते हैं।

http://www.classweb.gmu.edu/mwasser1/writinghb/tentips.htm
बेहतर व्यापारिक लेखन पर कुछ अच्छे सुझाव यहाँ पर मौजूद हैं।

http://www.sera.com
हालांकि यह साइट व्यापार के क्षेत्र में नहीं है, गैर लाभ क्षेत्र में काम आने वाले कुछ उपयोगी सुझाव और नमूने हमें यहाँ से मिल सकते हैं।

http://learnerassociates.net/proposal/links.htm
यहाँ वित्तपोषण प्रस्ताव को लिखने के लिए उपयोगी संसाधन मौजूद हैं।

http://www.members.dca.net/areid/proposal.htm
इस संक्षिप्त दस्तावेज़ में उपकरणों को व्यवस्थित करने के सुझाव मौजूद हैं।

http://www.research.umich.edu/proposals/pwg/pwgcontents.html
यह मुख्य रूप से अनुसंधान प्रस्तावों पर लिखा गया एक बहुत बढ़िया और दिलचस्प दस्तावेज़ है। व्यापारिक प्रस्तावों पर भी कुछ अच्छे सुझाव हैं। ख़ासतौर पर, प्रस्ताव के अस्वीकृत होने के कारणों पर लिखा अनुभाग बहुत ही ज्ञानवर्धक है।

http://www.proposalwriter.com/
अमरीकी सरकारी आरएफपी, इत्यादि को अधिमान देता हुआ, बहुत सारे उदाहरणों वाला एक उपयोगी साइट।

http://www.sbinformation.about.com/cs/bizlettersamples/a/proposal.htm
छोटे व्यापारों को उद्देश्य करके बनाया हुआ एक उपयोगी वेबसाइट।

http://www.captureplanning.com/!hc_how_to_write_a_proposal.cfm
प्रस्ताव की विषय-वस्तु और उनके आयोजन पर अन्य तत्व।

http://www.4hb.com/0350tipwritebizproposal.html
एक व्यावसायिक व्यापार के लेखक के लिए अच्छे सुझाव।

http://www.nightcats.com/ebooks/eproposal.html
प्रस्ताव लेखन पर एक ई-पुस्तक। मूल्यांकन नहीं किया गया है।

http://www.managementconsultingnews.com/interviews/sant_interview.php
व्यापारिक प्रस्ताव लेखन पर एक विशेषज्ञ के दिए गए साक्षात्कार पर लेख।

http://www.sitepoint.com/article/write-proposal-sell
एक विशेषज्ञ के दिए हुए कुछ और सुझाव।

http://www.officinado.com/user-articles/11-Tips-for-Writing-a-Business-Proposal.html
कुछ सरल सुझाव, जिसमें मुझे विशेष रूप से पसंद आने वाला एक लेख भी शामिल है: संबंध बनाने का प्रयास करें, प्रभावित करने का नहीं (Strive to communicate, not to impress)।

http://www.allfreelancework.com/articlenigel3.php
दिलचस्प सुझाव, ख़ासतौर पर छोटे व्यापारों के लिए।

उपकरण

(क) *लेखन के लिए सहयोगी उपकरण*

यह तब काम आते हैं जब प्रस्ताव विकास दल विभिन्न जगहों में फैला हुआ हो। इनमें से कुछ उल्लेख के लायक हैं:

1. **Writeboard** (http://www.writeboard.com/)
   पाठ्य दस्तावेज़ बनाने में यह वेब आधारित सहयोग देता है। इसमें संस्करण नियंत्रण इत्यादि मौजूद हैं।
2. **Writely** (http://www.writely.com)
   यह उपकरण, उपयोगकर्ता को विभिन्न जगहों में, वास्तविक काल में, तुरंत दस्तावेज़ साझा करने में और सहयोग करने में मदद करता है। सुरक्षा नियंत्रण की वजह से चयनात्मक पहुंच की सुविधा भी उपलब्ध है।
3. **Co-Word** (http://www.reduce.qpsf.edu.au/coword/)
   यह एकाधिक उपयोगकर्ताओं को इंटरनेट पर एक ही समय में एक ही एमएस वर्ड दस्तावेज़ का संपादन करने देता है।
4. **Webcollaborator** (http://www.wordcollaborator.com/)
   दस्तावेज़ प्रबंधन और परियोजना की कलाकृतियों को संभालता है।
5. **BSCW** (Basic Support for Cooperative Work) (http://www.bscw.fit.fraunhofer.de/index.html)
   दस्तावेज़ के सहयोग के लिए कार्यक्षेत्र की एक दिलचस्प संकल्पना का इस्तेमाल करता है।

(ख) पठनीयता की गणना

आपका दस्तावेज़ आसानी से पठनीय और समझ में आनेवाला होना चाहिए। अगर वह कुछ ज़्यादा ही प्रगाढ़ हो तो आप अपने पाठक को आसानी से खो देंगे। अगर वह ज़्यादा अनौपचारिक और अस्पष्ट हो तो दस्तावेज़ की सही गंभीरता खो जाएगी।

गनिंग-फॉग गणना (Gunning-Fog Index) एक ऐसी परीक्षा है जो अंग्रेज़ी में लिखे गए एक नमूने की पठनीयता को नापति है। गणना जितनी ज़्यादा होगी, लेखन को समझने और सटीक तरह से आत्मसात् करने के लिए उतनी ही शिक्षा (सिद्धांत रूप में) की ज़रूरत होगी; यह संख्या अनुरूप होती है पाठक के द्वारा पूर्ण किये गए विद्यालय की श्रेणी की। गणना में हास्य पुस्तकों को 6 और टाइम पत्रिका को 11 मिला है।

परिशिष्ट 2

फ्लेश/फ्लेश-किनकैड पठनीयता परीक्षण (Flesch-Kincaid Readability Test) को यह बताने के लिए बनाया गया है कि एक लेख को समझना कितना मुश्किल होगा। अमरीकी सरकार इसका इस्तेमाल एक दस्तावेज़ की पठनीयता का निर्धारण करने के लिए करती है और उसके अनुसार उस दस्तावेज़ को ऐसे बनाती है की वह एक वांछित स्तर का हो।

यह दोनों गणनाएं, पाठ्य नमूनों को जांचने के लिए यहां उपलब्ध हैं: http://www.ilovejackdaniels.com/resources/readability-score/

परिशिष्ट 3

इस अनुभाग में, बेहतर स्पष्टीकरण के लिए, दो सरल और संक्षिप्त प्रस्ताव के नमूने दिए गए हैं।

दोनों ही, भारतीय प्रबंध संस्थान, बैंगलोर में लेखक के द्वारा दिए गए एलिमेंट्स ऑफ मैनेजमेंट कंसल्टिंग वैकल्पिक पाठ्यक्रम के दौरान लिखे गए प्रस्तावों के संशोधित संस्करण हैं।

नमूना 1

एम्परसैंड-एक्स (AmpersandX) को सामरिक सहयोग देने का प्रस्ताव

माइंडमैप कंसल्टिंग ग्रुप (MindMap Consulting Group)

जनवरी 9, 2006

संस्करण इतिहास

इस अनुभाग में इस दस्तावेज़ का संस्करण इतिहास शामिल है।

संस्करण संख्या	*लेखक*	*विवरण*	*दिनांक*
1.0	रम्या श्रीनिवासन	प्रारंभिक प्रस्ताव सृजन	जनवरी 6, 2006
1.1	सम्राट घोष	स्वरूपण और अंतर्वस्तुओं में परिवर्तन	जनवरी 8, 2006
1.2	नितिन शर्मा	कर्मचारियों के विवरण का लेखन	जनवरी 9, 2006

कार्यकारी सारांश

एम्परसैंड-एक्स के सामने, उनके संगठन के लिए सामरिक और कार्यनीतिक सहयोग देने का प्रस्ताव रखने में, माइंडमैप को बहुत ख़ुशी हो रही है। इस काम के दौरान, माइंडमैप उसके प्रमुखों के अनुभवों का उत्तोलन करने का प्रस्ताव रखता है।

एम्परसैंड-एक्स एक ब्रैंडिंग संगठन है जिसे साल 2004 में स्थापित किया गया था। यह संगठन बहुत सारी परियोजनाओं में काम कर चुका है, पर समय पर परियोजना को सौंपने में इसे समस्याओं का सामना करना पड़ता है। केवल एक साल पुराना होने के कारण, इस संगठन के पास, परिदान और व्यापारिक निर्माण पर केन्द्रित, कोई प्रभावी दुहराने योग्य प्रणाली या प्रक्रिया नहीं हैं।

माइंडमैप इस संगठन का परीक्षण कर, अपनी शक्तियों और कमजोरियां को समझकर, इसे एक स्तर तक की स्थिरता और दिशा देने वाली प्रक्रियाओं को बनाने का, उपयुक्त सुझाव देने का प्रस्ताव रखता है। माइंडमैप यह काम एक परखी हुई व्यवस्थित कार्य-प्रणाली द्वारा करेगा।

माइंडमैप ने, एक दीर्घकालीन रिश्ता बनाने के दृष्टिकोण से, इस एक महीने के काम के लिए $24,000 का मूल्य तय किया है।

भूमिका

दिसंबर, 2005 में बैंगलोर में हो रहे एक उद्यमकर्ताओं के सम्मेलन के दौरान, माइंडमैप के प्रमुखों ने एम्परसैंड-एक्स के मुख्य कार्यकारी अधिकारी (chief executive officer) के साथ एक प्रारंभिक बातचीत की थी। उस मुख्य कार्यकारी अधिकारी ने, संगठन में अपने दल के काम के संतुलन को प्रभावित किए बिना, ग्राहक की बदलती मांगों के साथ गति बनाए रखने की असफलता को लेकर, अपनी चिंता व्यक्त की थी।

उनके शब्दों में, *"मैं ज़्यादा समय, बड़ी समस्याओं का समाधान न करके, रोज़ के छोटे-छोटे मामलों के पीछे बर्बाद करती हूँ। मैं एक द्वितीय स्तर के प्रबंधन का विकास नहीं कर पा रही, जो इन भागों को संभाल पाए। मैं इन्हें छोड़ नहीं पा रही..."*

माइंडमैप ने उनके सामने, उद्यमकर्ताओं के साथ प्रभावी रूप से सामरिक सलाहकार के तौर पर काम करने के पिछले अनुभवों को, संक्षिप्त रूप में प्रस्तुत किया था। इसके फलस्वरूप, उस मुख्य कार्यकारी अधिकारी ने, उनकी विशिष्ट समस्याओं का समाधान करने के लिए, एक और अधिक औपचारिक प्रस्ताव को रखने का निवेदन किया था। यह सहमत हुआ था कि, माइंडमैप एम्परसैंड-एक्स की मौजूदा प्रणालियों और प्रक्रियाओं का विश्लेषण करने का प्रस्ताव रखेगा।

एम्परसैंड-एक्स का परिचय

एम्परसैंड-एक्स एक ब्रैंडिंग संगठन है जिसे अगस्त 2004 में उसके मुख्य कार्यकारी अधिकारी, सुश्री सुनीता राव ने स्थापित किया था। यह संगठन, विवरण पुस्तिकाएं और प्रचार सामग्री, कार्यालय सामग्री, वेबसाइट, इत्यादि बनाकर, दूसरे संगठनों के लिए एक संगठित पहचान (corporate identity) का सृजन करता है। यह सामग्री प्रबंधन, संबंध प्रबंधन और ई-वाणिज्य

(e-commerce) के लिए समाधान विकास भी करता है। इसकी क्षमता बहुमाध्यम अनुप्रयोग (multimedia application) के विकास में है। यह संगठन बहुत सारी परियोजनाओं में काम कर चुका है और पिछले एक साल में इसका प्रदर्शन काफी अच्छा भी रहा है।

समस्या के बारे में माइंडमैप की समझ

एम्परसैंड-एक्स प्रभावित है विकास की समस्याओं से।

उद्यमी के व्यक्तिगत कौशल और विशेषज्ञता की वजह से उनकी परियोजना के कार्यान्वयन के व्यौरों के साथ जुड़ाव अनिवार्य हो जाता है, जिसके कारण वह सामरिक योजनाओं में भाग नहीं ले पाती। उनकी सहभागिता के बिना, परियोजना के सफल होने की संभावना कम है। पर इस काम से अलग हुए बिना, नेतृत्व के एक द्वितीय स्तर का विकास नहीं हो सकता और वह व्यापारिक विकास और संधि सृजन पर ध्यान नहीं दे सकती। इस मुश्किल परिस्थिति को अभिनव समाधानों की ज़रूरत है।

माइंडमैप समस्या की और गहराई तक जाएगा। विशिष्ट रूप से, माइंडमैप

- संगठन में संसाधन प्रक्रियाओं और आवंटन से जुड़ी मौजूदा समस्याओं को पहचानेगा।
- संगठन में परियोजना प्रबंधन से जुड़ी समस्याओं को समझेगा और उपलब्ध कौशल का परीक्षण करेगा।
- संगठन के साथ, व्यवस्थित रूप से आनेवाली परियोजनाओं को अनुरूप करने के लिए, प्रक्रियाओं और कार्यनीतियों को विकसित करेगा।

समाधान पद्धति और कार्यप्रणाली

माइंडमैप, एक पूर्वनिर्धारित समय सीमा में, एक अद्वितीय व्यवस्थित पद्धति का इस्तेमाल करेगा। यह परियोजना के दौरान, नियमित अवसरों पर, बेहतर नज़र रखने में और ग्राहक के साथ सम्पर्क करने में मदद करेगा।

चरण 1

पहले चरण में माइंडमैप, एम्परसैंड-एक्स के बारे में जानकारी इकट्ठा करेगा। माइंडमैप के सलाहकार, कर्मचारियों के दृष्टिकोण समझने के लिए उनका साक्षात्कार करेंगे और संगठन की योग्यता को समझने के लिए दस्तावेज़ और रपट इकट्ठा करेंगे।

चरण 2

द्वितीय चरण में माइंडमैप, एकत्रित दस्तावेज़ों और रपटों के आधार पर, संगठन की शक्तियों, कमज़ोरियों, अवसरों और खतरों (SWOT— strengths, weaknesses, opportunities, and threats) का विश्लेषण करेगा। इस विश्लेषण को माइंडमैप के क्षेत्रपति आंकड़ासंचय (proprietary database), जिसमें 1,200 से भी ज़्यादा नए संगठनों के बारे में जानकारियां मौजूद हैं, में उपलब्ध समान दस्तावेज़ों और निष्कर्षों द्वारा संवर्धित किया जाएगा। यह अभ्यास संगठन की समस्याओं और कमियों को समझने में और उनके समाधानों को देने में मदद करेगा।

चरण 3

तृतीय चरण में, ग्राहक को सुझावों का एक मसौदा दिया जाएगा। प्रतिपुष्टि को आधार बनाकर, रपट को सुधारा जाएगा और इस आख़िरी रपट को जमा किया जाएगा।

यह निम्नलिखित भूमिकाएं और ज़िम्मेदारियां प्रस्तावित हैं:

व्यक्ति	*माइंडमैप की भूमिका*	*ज़िम्मेदारी*
नितिन शर्मा	साझेदार	• वृद्धि का अंक। • परियोजना के लिए अंततः ज़िम्मेदार। • दल के लिए ग्राहक का अंतराफलक।

(जारी)

(जारी)

व्यक्ति	*माइंडमैप की भूमिका*	*ज़िम्मेदारी*
रम्या श्रीनिवासन	प्रबंधक	• परियोजना में मुख्य परियोजना प्रबंधक। • काम सौंपना और परियोजना की समय सीमा और संसाधनों की योजना बनाना। • दल के कर्मचारियों का मूल्यांकन करना।
सम्राट घोष	सलाहकार	• परियोजना की ज़रूरतों के हिसाब से सलाहकार की भूमिका निभाना। • संगठन के बारे में जानकारियां इकट्ठा करना। • एकत्रित जानकारियों का विश्लेषण। • खुद का तथा दल के दूसरे सदस्यों का मूल्यांकन करना।

प्रयोजन

इस परियोजना का प्रयोजन ऐसा एक सुझावों से भरा रपट प्रस्तुत करना है जो एम्परसैंड-एक्स की प्रक्रियाओं और प्रणालियों को बेहतर बनाए। यह रपट, संगठन की परियोजना प्रबंधन को भी संबोधित करेगा और समस्याओं के समाधान के लिए तरीके भी सुझाएगा। इस परियोजना की समय सीमा पांच हफ्ते है। दी गयी प्रक्रियाओं के सुझावों को कार्यान्वित करना, इस प्रयोजन में शामिल नहीं है।

माइंडमैप, सुझावों को संबल देने के लिए, जैसा उपयुक्त हो, सहायक जानकारियां और संदर्भ देगा।

अनुसूची की रूप-रेखा और प्रदेय-वस्तु

इस परियोजना की अनुसूची की रूपरेखा निम्नलिखित गैंट चार्ट (Gantt chart) द्वारा दी गयी है। (पृष्ठ 141 देखिए)

यह काम चार से पांच हफ्तों की समय सीमा में किया जायेगा। परियोजना के दौरान, सलाहकारी दल के विभिन्न सदस्यों को विभिन्न तरह के कार्यकलाप दिए जाएंगे।

दो तरह के प्रदेय-वस्तुओं (Deliverable) की परिकल्पना की गयी है: अंतरिम रपट और अंतिम रपट।

प्रदेय-वस्तु	*दिनांक*
अंतरिम रपट	जनवरी 26, 2006
अंतिम रपट	फरवरी 3, 2006

वित्तीय प्रस्ताव

सलाहकारी दल, ग्राहक से, अंतिम रपट बनाने में काम आने वाली लिखित या मौखिक जानकारियां और साथ ही साथ छापे हुए प्रारूप में या सॉफ्ट कॉपी (कम्प्युटर में रखने तथा देखने योग्य सामग्री) में दिए गए तत्वों के द्वारा सहायता मांगता है। समय-समय पर, शायद सलाहकारी दल, ग्राहक से अतिरिक्त प्रासंगिक जानकारियों के लिए निवेदन करे।

गैंट चार्ट

	i	कार्य	अवधि	शुरू	अंत
1		**परियोजना प्रस्ताव चरण**	**4 दिन?**	**बुध 1/11/06**	**सोम 1/16/06**
2		प्रस्ताव लेखन और समीक्षा	4 दिन?	बुध 1/11/06	सोम 1/16/06
3		**अंतरिम रपट चरण**	**8.5 दिन?**	**मंगल 1/17/06**	**शुक्र 1/27/06**
4		प्राथमिक अनुसंधान	6 दिन?	मंगल 1/17/06	मंगल 1/24/06
5		माध्यमिक अनुसंधान	4 दिन?	गुरू 1/19/06	मंगल 1/24/06
6		अंतरिम रपट लेखन और समीक्षा	4.5 दिन?	सोम 1/23/06	शुक्र 1/27/06
7		**अंतिम रपट चरण**	**8 दिन?**	**बुध 1/25/06**	**शुक्र 2/3/06**
8		प्रतिपुष्टि समावेश	7 दिन?	बुध 1/25/06	गुरू 2/2/06
9		प्रतिपुष्टि लेखन और समीक्षा	3 दिन?	बुध 2/1/06	शुक्र 2/3/06

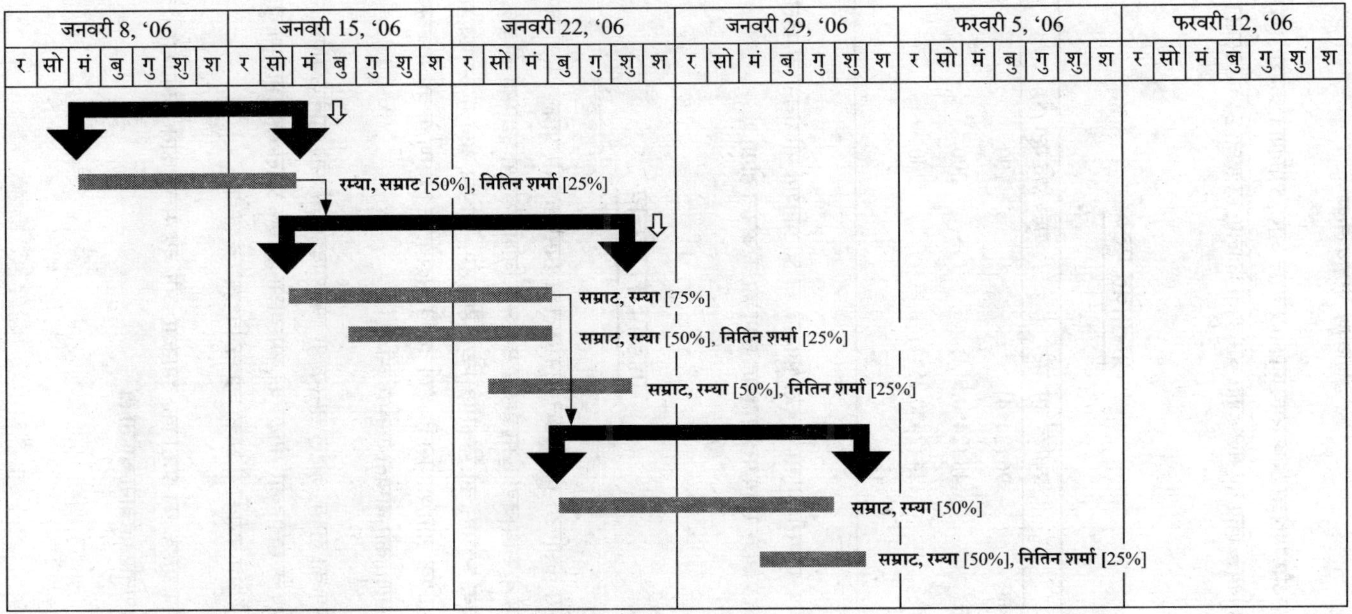

जनवरी 8, '06
जनवरी 15, '06
जनवरी 22, '06
जनवरी 29, '06
फरवरी 5, '06
फरवरी 12, '06
र सो मं बु गु शु श
रम्या, सम्राट [50%], नितिन शर्मा [25%]
सम्राट, रम्या [75%]
सम्राट, रम्या [50%], नितिन शर्मा [25%]
सम्राट, रम्या [50%], नितिन शर्मा [25%]
सम्राट, रम्या [50%]
सम्राट, रम्या [50%], नितिन शर्मा [25%]

प्रबंधक और साझेदार उनके समय का 50 प्रतिशत और 25 प्रतिशत, क्रमशः, इस परियोजना में देंगे। नियुक्त किए गए सलाहकार चार हफ्तों के लिए, हर हफ्ता 24 घंटे इस काम को देंगे।

प्रस्तावित मूल्य

	प्रक्षेपित श्रम (घंटे)	*मूल्य प्रति घंटा ($)*	*कुल ($)*
सलाहकार	96 (24*4)	100	9,600
प्रबंधक	48 (24*0.5*4)	200	9,600
साझेदार	24 (24*0.25*4)	200	4,800
कुल	168		24,000

माइंडमैप, एम्परसैंड-एक्स से कुल भुगतान का 50 प्रतिशत परियोजना के पहले और 50 प्रतिशत प्रदेय के समय पर लेगा। यह, लागु कर के अनन्य होगा।

माइंडमैप का परिचय

माइंडमैप कंसल्टिंग ग्रुप पिछले तीन साल से सामरिक और प्रक्रिया सलाहकारी क्रिया के काम के साथ जुड़ा हुआ है। इस संगठन ने विशिष्ट रूप से उद्यमियों की सेवा करने के लिए एक अभ्यास को विकसित किया है। इसमें, विभिन्न क्षेत्रों में अनुभव रखने वाले व्यावसायिक लोग शामिल हैं। कार्य दल के सदस्यों के विवरण के बारे में जानने के लिए कृप्या सलाहकार योग्यता अनुभाग को पढ़ें।

माइंडमैप का लक्ष्य, जटिल समस्याओं का व्यावहारिक और तार्किक समाधान देना है। माइंडमैप के सलाहकार संगठन की समस्याओं को एक प्रबल सहानुभूतिपूर्ण दृष्टिकोण से देखते हैं और बारीकी से उनका व्यापक विश्लेषण करते हैं।

माइंडमैप ग्राहक को प्रासंगिक, ईमानदार और दृढ़ सलाहकारी कार्यप्रणाली द्वारा उन्हें महत्तम संतुष्टि पहुंचाना चाहता है।

सलाहकार की योग्यता

कार्य दल में एक साझेदार, एक प्रबंधक और एक सलाहकार शामिल हैं। सामूहिक और व्यक्तिगत रूप से, इस दल के पास आईटी सलाहकारी और सॉफ्टवेयर समाधान में प्रबल कौशल मौजूद हैं। इसके अलावा, यह भारत के विभिन्न एनजीओ के लिए सलाहकार के रूप में काम कर चुके हैं और विश्वीय संगठनों के द्वारा अपनाई गयी प्रक्रियाओं और कार्यप्रणालियों को अच्छी तरह से समझते हैं।

साझेदार: नितिन शर्मा इस परियोजना के लिए माइंडमैप साझेदार होंगे। उनके पास, आईटी उद्योग की परियोजनाओं में काम करने का साबित किया हुआ पिछला कार्य-निष्पादन अभिलेख मौजूद है। माइंडमैप से पहले, यह सन, लुसेंट और डेल जैसे संगठनों में विभिन्न भूमिकाओं में काम कर चुके हैं। नितिन के पास कंप्यूटर विज्ञान में आरईसीजे (RECJ) की अभियांत्रिकी (engineering) की डिग्री और आईआईएम, बैंगलोर से एमबीए की डिग्री मौजूद है।

प्रबंधक: रम्या श्रीनिवासन माइंडमैप में, वर्षों तक सेमीकंडक्टर उद्योग में काम करने का तजुर्बा लाई हैं। वह कंप्यूटर चिप स्वचालन सॉफ्टवेयर (computer chip automation software) से जुड़ी कई क्रॉस साइट परियोजनाएं संभाल चुकी हैं। वह आईटी सलाहकारी, व्यापार अनुसंधान और विश्लेषण में भी अनुभव रखती हैं। उनके पास बिट्स, पिलानी से विदुतिकरण अभियांत्रिकी (engineering) की डिग्री और आईआईएम, बैंगलोर से एमबीए की डिग्री मौजूद है।

सलाहकार: सम्राट घोष के पास आईटी उद्योग में आठ साल का अनुभव है। वह याहू, हैवलट-पैकर्ड और एडोबी प्रणाली जैसी संस्थाओं के साथ काम कर चुके हैं। उनके पास आईआईटी, मुंबई से विदुतिकरण की स्नातक की डिग्री और आईआईएम, बैंगलोर से एमबीए की डिग्री मौजूद है।

नमूना 2

वॉइसेस में विकलांगता पहलों का प्रवर्धन और अनुरक्षण: सामरिक दिशा देने का प्रस्ताव (Scaling and Sustaining Disability Initiatives at Voices: A Proposal to Provide Strategic Direction)

रीच कंसल्टेंट्स (REACH Consultants)

वन, रीच प्लाज़ा, बैंगलोर 560767 भारत

दिसंबर 17, 2004

कार्यकारी सारांश

निःशक्तजनों के सशक्तिकरण और सूचित निर्णयों के द्वारा अपने अधिकारों का पूरा आनंद उठाने में उनकी मदद करना, *वॉइसेस* का लक्ष्य है।

इस प्रस्तावित कार्य के फलस्वरूप, वॉइसेस अपनी विकलांगता पहल को उचित अनुपात में बड़ा कर पायेगा, इस समुदाय के एक ज़्यादा बड़े अनुभाग के लोगों तक पहुँच पायेगा और उनसे इस पहल के अनुरक्षण के विषय में बात कर पायेगा।

रीच कंसल्टेंट्स के पास गैर सरकारी संगठनों के साथ काम करने का प्रासंगिक अनुभव है; वह इस काम का उत्तोलन अपने अनुभवों के द्वारा करने का प्रस्ताव रखता है। रीच डीमेइक (DMAIC—Define, Measure, Analyze, Improve and Control) कार्यप्रणाली का उपयोग करके इसका फल निकलेगा। वह इस काम के लिए छह हफ्ते से ज़्यादा नहीं लेगा और अपने मानक भुगतान पर 40 प्रतिशत छूट भी देगा।

भूमिका

वित्तीय और गैर वित्तीय संसाधन जुटाना, एक एनजीओ के द्वारा सामना की गयी सबसे बड़ी चुनौती है।

यह चुनौतियां कई गुना बढ़ जाती हैं, जब संचालन को उचित अनुपात में बढ़ाना और एक ज़्यादा बड़े समुदाय की ज़रूरतों को संबोधित करना लक्ष्य हों।

वॉइसेस वर्तमान में एक ऐसी स्थिति में है, जहाँ वह अपनी विकलांगता पहल को सांगठनिक और वित्तीय विकास के द्वारा फैलाकर ऊंची उड़ान भरना चाहता है। इस काम का लक्ष्य, वॉइसेस को सलाह देना और उसकी विकलांगता पहल को उचित अनुपात में बड़ा करने के लिए और आत्म स्थायी बनाने के लिए एक सटीक मानचित्र देना है। पृष्ठ 151 में दी गयी

एक एनजीओ के लिए संसाधनों का संघटन

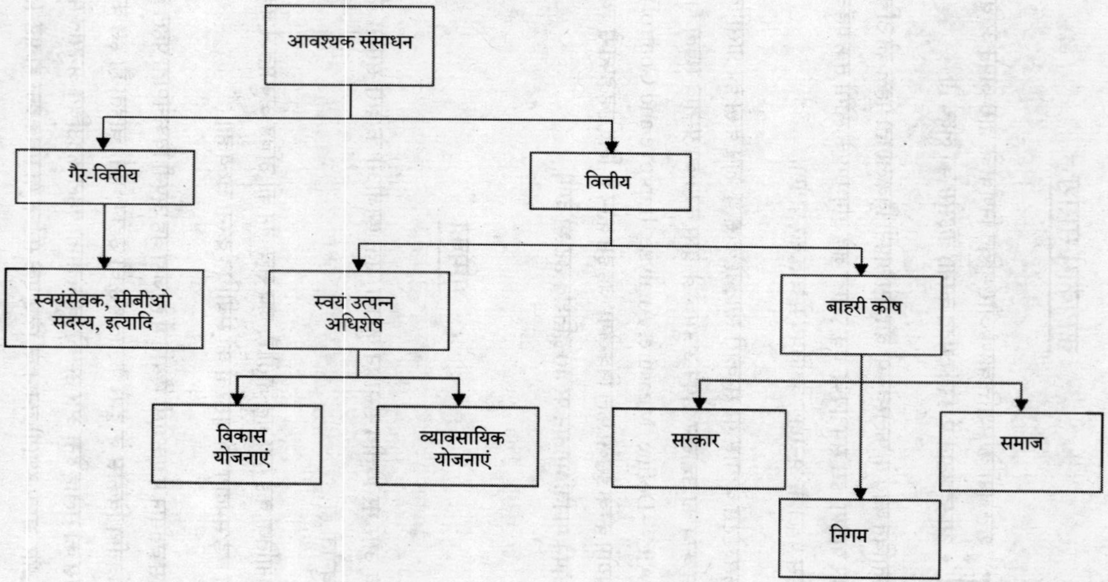

चित्र में एक एनजीओ के संसाधन संबंधित ज़रूरतों को और उनको पूरा करने के तरीकों को दर्शाया गया है।

रीच कंसल्टेंट्स और वॉइसेस के बीच, काफी हफ्तों से अनौपचारिक बातचीत चल रही है। रीच को इस काम में एक दिलचस्प परामर्श केंद्रित मौका दिखता है जो उसके सलाह देने की क्षमता और आकांक्षाओं का सटीक उपयोग करेगा। वॉइसेस को बाहरी निष्पक्ष सलाह की ज़रूरत है, और इसलिए उसने रीच से प्रस्ताव रखने का निवेदन किया है।

वॉइसेस का परिचय

वॉइसेस एक गैर सरकारी संगठन (एनजीओ) है, जो सामुदायिक विकास और समाज के वंचित तथा अधिकारहीन संभागों के सशक्तिकरण के क्षेत्र में काम करता है। 1991 में स्थापित किया हुआ यह संगठन, सामाजिक बदलाव लाने के लिए सूचना और संचार प्रौद्योगिकी (Information and Communication Technologies; ICT) के उपयोग पर निर्भर करता है।

आईटी को संबल और संचार को सहभागिता क्रियाविधि के रूप में इस्तेमाल करके, वॉइसेस, समुदाय के अंदर अपनेपन और स्वामित्व की भावना का विकास करने में सक्षम हुआ है। इसे बहुत अच्छी तरह से 'नम्म ध्वनि' नामक एक केबल द्वारा प्रसारित सामुदायिक रेडियो पहल के द्वारा साबित किया गया है, जो यह दर्शाता है कि कैसे संचार के द्वारा सामाजिक जागरूकता, सामूहिक सक्रियता और स्व-सहायता तथा सार्वजनिक उत्तरदायित्व के एक दृष्टिकोण का विकास किया जा सकता है।

वॉइसेस के दूसरे महत्वपूर्ण पहलों में शामिल हैं:

- संचालनों और वित्तों का सार्वजनिक अभिलेख अभियान (PROOF—Public record of operations and finance); सरकारी अधिकारियों के संचालन और विकास की गतिविधियों की एक निरंतर सार्वजनिक लेखा परीक्षा।
- सामुदायिक सामंजस्य से जुड़ी समस्याओं के बारे में लोगों को संवेदनशील बनाने वाली, संचार माध्यम (Media) शिक्षा योजनाएं।

- *दरीचा*- विकलांग लोगों के लिए प्रौद्योगिकी पर आधारित एक छोटे चलचित्रों की शृंखला। एक प्रयास जो इस नए शब्द, 'निःशक्तजन', को एक विशाल अर्थ देता है।
- विकलांगता-फोन सहायता (Helpline), विकलांगता अदालत, नाटक के कार्यक्रम, निःशक्तजनों के लिए कानूनी परामर्श और निःशक्तजनों को रोज़गार दिलाने के लिए प्रशिक्षण।

1991 में स्थापित होने का बाद, वॉइसेस काफी दूर तक आया है। इस सफलता से जुड़े वॉइसेस के साझेदारों में शामिल हैं:

1. यूनेस्को-जिसने 2001 में उसके सामुदायिक रेडियो केंद्र को वित्त पोषित किया था।
2. माईराडा (MYRADA)-समन्वित ग्रामीण विकास के काम से जुड़ा एक एनजीओ।
3. जनाग्रह, अक्षरा फाउंडेशन, और
4. परस्पर ट्रस्ट

विकास पहलों के लिए पहचाने जाने वाले श्री आशीष सेन, वॉइसेस का नेतृत्व करते हैं। एक उत्साही और प्रतिभावान स्वयंसेवकों का दल, उनकी सहायता करता है। इनमें से कुछ निःशक्तजनों को बुनियादी प्रशिक्षण देते हैं। दूसरे निःशक्तजन स्वयंसेवक, बोडिकोटे गांव के लोगों की मदद से विकलांगता- फोन सहायता को चलाते हैं।

काम का प्रयोजन और उसका लक्ष्य

वॉइसेस के साथ यह प्रस्तावित सलाहकारी काम, उसकी विकलांग परियोजना के वित्तीय और गैर-वित्तीय, दोनों ही तरह के संसाधनों की ज़रूरतों को संबोधित करता है। वॉइसेस के कार्यकलाप, अत्यधिक तरह से स्वयंसेवकों पर निर्भरशील हैं। स्वयंसेवकों की प्रतिबद्धता और प्रतिभा एक पहल की सफलता या असलफता तय करती है। एक सतत पहल को अच्छे स्वयंसेवकों की निरंतर उपलब्धता को संबोधित करना चाहिए।

मनोरंजन द्वारा सामाजिक जागरूकता फैलाने के लिए, वॉइसेस नाटकों का आयोजन करता है; इस प्रक्रिया से राजस्व उत्पत्ति भी होती है। उसका सामुदायिक रेडियो, राजस्व पैदा करने

वाले कार्यक्रमों का प्रसारण करता है। यह राजस्व, मुख्य रूप से संबंधित कार्यकलापों को सतत रखने के लिए इस्तेमाल किया जाता है। अधिशेष होने के दुर्लभ मामले में, राजस्व का इस्तेमाल विकलांग योजनाओं जैसी दूसरे पहलों के लिए किया जा सकता है। इस काम का एक और लक्ष्य ऐसे रास्ते ढूंढना है, जिससे विक्लांग योजनाएं खुद के लिए राजस्व उत्पन्न कर सकें और ज़्यादा कोष आकर्षित कर सकें।

वित्तीय और गैर-वित्तीय ज़रूरतों के लिए, वॉइसेस को सरकारी संस्थाओं और व्यापारिक निकायों के साथ अपने संबंधों को मज़बूत बनाना होगा। साथ ही साथ, पूरक विशेषज्ञता का लाभ उठाने के लिए उसे एनजीओ समुदाय में अपना संजाल भी बनाना होगा।

वर्तमान में, वॉइसेस मुख्य रूप से दृष्टि क्षीणता, बहरापन और हड्डियों की क्षति जैसी अक्षमताओं को लक्षित करता है।

वॉइसेस की मुख्य ताकतें हैं:

- मीडिया चैनलों के साथ एक प्रबल संजाल।
- सामुदायिक मीडिया केंद्र की स्थापना करने का अनुभव।
- सरकारी संबंधों का अनुभव।

वर्तमान में, वॉइसेस एक सामान्य और छोटा संगठन है। उसके कर्मचारी और स्वयंसेवक, केंद्र का संचालन, सामुदायिक रेडियो कार्यक्रम, विकलांगता प्रशिक्षण केंद्र, फोन-सहायता का संचालन, सामुदायिक नाटक के कार्यक्रमों का प्रबंध करने जैसे विभिन्न काम संभालते हैं।

विकलांगता दल के पास दिन में 20 कॉल आते हैं और वह हर महीने करीबन 100 लोगों के साथ प्रत्यक्ष रूप से बातचीत और करीबन 1000 लोगों को अप्रत्यक्ष रूप से प्रभावित करता है। इसका फल उत्साहजनक होता है और संगठन की निष्ठा और प्रयास को दर्शाता है। लेकिन, समाज को सही मायने में प्रभावित करने के लिए, इस संख्या को बढ़ाना होगा। श्री आशीष सेन, वर्तमान के संचालक, संचालन को उचित अनुपात में बढ़ाने और उसे वांछित स्तर तक सतत बनाने में इन निम्नलिखित चुनौतियों को पाते हैं:

- कार्यकर्ता
    - स्वयंसेवकों की निरंतर धारा: काम के इस प्रतिमान को सतत रखने के लिए, दल को बहुत सारे स्वयंसेवकों की ज़रूरत होगी।
    - कुशलता का समुच्चय: निःशक्तजनों को ज्ञान देने के लिए, स्वयंसेवकों को कुछ क्षेत्र में कुशल होना चाहिए; सही मेल मिलना मुश्किल साबित हो रहा है।
    - स्वयंसेवक मान्यता और लाभ: स्वयंसेवकों को पुरस्कृत करना होगा और उनकी उत्तेजना के स्तर को हमेशा उच्च रखना होगा।

- आधारिक संरचना
    - एक अनुकूल प्रशिक्षण स्थान का मिलना: जैसे जैसे लिए गए मामलों की संख्या बढ़ती जाएगी, उसके साथ ही (महँगी) जगह की ज़रूरत भी बढ़ती जाएगी।
    - आधारिक संरचना और प्रधोगिकी: जैसे जैसे काम बढ़ता जाएगा, निःशक्तजनों के लिए लगने वाले कंप्यूटर, सॉफ्टवेयर और दूसरे उपकरणों की ज़रूरत बढ़ जाएगी।

- वित्त
    - परिचालन खर्च: कर्मचारियों के वेतन, स्वयंसेवकों के लिए पुरस्कार और नित्य परिचालन खर्च।
    - कायिक निधि: नए काम को लेने के लिए और विस्तारण में इस्तेमाल करने के लिए।
    - निधि के स्त्रोतों का विविधिकरण: दाताओं पर अपनी निर्भरता को कम करना।

इस काम का प्रयोजन निःशक्तजन कार्यक्रम के लिए एक व्यापारिक योजना बनाना और उसे उचित अनुपात में बड़ा करने के लिए एक दिशा देना है; संक्षेप में, एक सामाजिक उद्यम बनाने में, वॉइसेस की मदद करना।

काम की पद्धति

ग्राहक सीटीक्यू (गुणवत्ता के लिए महत्वपूर्ण- क्रिटिकल टू क्वालिटी) हासिल करने के लिए, रीच सिक्स सिग्मा प्रक्रिया के एक संशोधित संस्करण का इस्तेमाल करना प्रस्तावित करता है। विशिष्ट रूप से, इस काम के लिए रीच डीमेइक पद्धति का पालन करेगा। यह एक पांच चरणों वाली प्रक्रिया है:

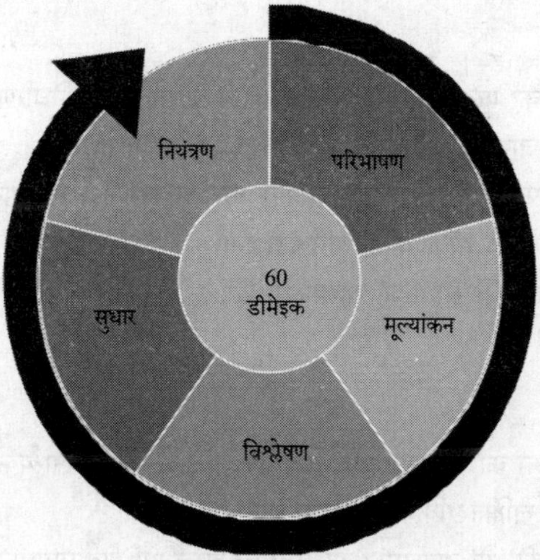

परिभाषण

- ग्राहक की सीटीक्यू समस्याओं और मुख्य व्यापार प्रक्रिया को परिभाषित करना।
- ग्राहकों को, उनके उत्पादों और सेवाओं की ज़रूरतों को और उनकी उम्मीदों को परिभाषित करना।
- परियोजना की सीमाओं को परिभाषित करना-प्रक्रिया की शुरुआत और उसका अंत।
- उस प्रक्रिया को परिभाषित करना जिससे प्रक्रिया प्रवाह को नापते हुए बेहतर बनाया जाएगा।

मूल्यांकन

- मुख्य व्यापार प्रक्रिया के प्रदर्शन का मूल्यांकन।
- प्रक्रिया के लिए जानकारी संग्रह योजना का विकास।
- दोषों और गुणों का निर्धारण करने के लिए, बहुत सारे स्रोतों से जानकारी इकट्ठा करना।
- कमिओं का निर्धारण करने के लिए, ग्राहक सर्वेक्षण के परिणाम के साथ तुलना करना।

विश्लेषण

- कमियों का मूल कारण और बेहतर करने के मौकों का निर्धारण करने के लिए, एकत्रित जानकारी और प्रक्रिया मानचित्र का विश्लेषण।
- वर्तमान प्रदर्शन और लक्षित प्रदर्शन के बीच के फासले को पहचानना।
- बेहतर करने के मौकों को प्राथमिकता देना।
- विविधताओं के स्रोतों को पहचानना।

सुधार

- समस्याओं का समाधान और निवारण करने के लिए रचनात्मक प्रक्रियाओं को बनाकर, लक्षित प्रक्रिया को बेहतर बनाना।
- प्रौद्योगिकी और अनुशासन का इस्तेमाल करके अभिनव समाधान बनाना।
- एक कार्यान्वयन योजना का विकास और परिनियोजन।

नियंत्रण

- प्रक्रिया को नए रास्ते पर रखने के लिए, सुधारों का नियंत्रण।
- पुराने तरीकों को वापस अपनाने से निवारण।
- एक अविरत नियंत्रण योजना का विकास, प्रलेखन और कार्यन्वयन।
- प्रणालियों और संरचनाओं (कार्यकर्ता उपलब्ध कराना, प्रशिक्षण, प्रोत्साहन) के रूपांतरण के द्वारा सुधारों को संस्थागत करना।

क्योंकि अनुशंसा के स्तर पर यह काम ख़त्म होगा, रीच अपनी रपट, 'विश्लेषण' चरण के अंत में देगा। इसके साथ, रीच 'सुधार' और 'नियंत्रण' चरणों के लिए, वॉइसेस को दिशा-निर्देश भी सुझाएगा।

काम की प्रदेय-वस्तुएं

समझौते पर हस्ताक्षर करने के बाद, अंतिम प्रतिपादन के लिए 45 दिनों से ज़्यादा नहीं लगना चाहिए। कोई भी विस्तारण, आपसी समझौते के बाद होगा। निम्नलिखित अनुसूची मानी जाएगी:

- समस्या के विवरण का परिभाषण- 17 दिसंबर 2004
- आवश्यकताओं की पुस्तक का पूरा होना- 24 दिसंबर 2004
    - इसके लिए, वॉइसेस के व्यवसाय प्रबंधक और अध्यक्ष के साथ व्यापक साक्षात्कार करना होगा।
- मसौदा प्रतिरूप- 31 दिसंबर 2004
- अंतिम प्रतिरूप- 7 जनवरी 2005
    - गैर-वित्तीय संसाधन विकास और प्रबंधन योजना
    - कार्यकर्त्ता
        - स्वयंसेवक, कर्मचारी, सामुदायिक केंद्र कार्यकर्ता, प्रशिक्षक
    - एनजीओ, सरकारी संस्थाओं, इत्यादि के साथ संपर्क बढ़ाना।
    - ज़िम्मेदारी से घटनाओं की रपट बनाने के लिए, मीडिया को विकसित करना और संवेदनशील बनाना।
        - क्षेत्रीय, राष्ट्रीय और अंतर्राष्ट्रीय कवरेज को पाना।
        - बेहतर दृश्यता को पाना।
    - अंतिम संसाधन विकास और प्रबंधन योजना

- विकास कार्यकलापों से राजस्व
    - विभिन्न खंडों को लक्षित करना।
    - राजस्व धारा के बहने के लिए सार्वजनिक संसाधनों की लेखा परीक्षा करना।
- व्यावसायिक कार्यकलापों से राजस्व
    - सांगठनिक मूल्यों के साथ समझौता न करते हुए, व्यावसायिक कार्यकलापों से राजस्व उपार्जन करने के नए रास्ते ढूंढना।
- ज़्यादा निधि आकर्षित करने के लिए योजना
    - सरकार
    - निगम
    - समाज
    - अंतर्राष्ट्रीय संगठन

(अंतिम प्रतिरूप दस्तावेज़ की विषय-वस्तु शायद प्रस्तावित विषय-वस्तु से थोड़ी अलग हो। लेकिन, प्रतिरूप का मूल विषय अपरिवर्तित रहेगा।)

अंतरिम समीक्षा

वॉइसेस के बैंगलोर कार्यक्षेत्र में, काम की प्रगति की हर दो हफ़्तों में समीक्षा की जाएगी। इन निम्नलिखित तत्वों को समीक्षा में संबोधित किया जाएगा:

1. हर प्रदेय-वस्तु की प्रगति।
2. खर्च किया गया समय और सामग्री।
3. कोई भी समस्या जिस पर ध्यान देना ज़रूरी हो।

इस समीक्षा में रीच के साझेदार और प्रबंधक भाग लेंगे। वॉइसेस को भी उनकी ओर से भाग लेने वाले व्यक्तियों को चुनना होगा।

प्रभावशीलता का पैमाना

रीच के साथ व्यवसाय में जुड़ने के बाद, हमारे द्वारा दिए गए सुझावों को कार्यन्वयन करने के परिणाम को, वॉइसेस इन पहलुओं के हिसाब से नाप सकता है:

- विकलांगता योजना की निरंतरता
  - संगठनिक निरंतरता
  - वित्तीय निरंतरता
  - सामुदायिक निरंतरता
- लाभ वितरण की पहुंच
  - भौगोलिक
  - जनसांख्यिकीय
- लाभ का माप
  - रोज़गार सक्षम
  - मुख्यधारा में अवशोषित होने वाले, प्रशिक्षित निःशक्तजनों का अनुपात

ग्राहक की निर्भरता

रीच को ग्राहक की तरफ से निम्नलिखित क्षेत्रों में, सहभागिता चाहिए:

1. आवश्यकताओं को प्राप्त करना
2. वॉइसेस की वर्तमान संरचना
3. वॉइसेस की लागत संरचनाएं
4. वर्तमान कार्य समस्याओं की अभिव्यक्ति
5. वर्तमान चुनौतियों की अभिव्यक्ति
6. अपेक्षित विकास का परिमाण

7. भविष्य के लिए नए उद्यमों की अभिव्यक्ति
8. कानूनी प्रक्रियात्मक आवश्यकताएं
9. संसाधन आवश्यकताएं

वॉइसेस के कार्य प्रबंधक को यह आश्वासन देना चाहिए, की वह हर हफ्ते कम से कम छह घंटों के लिए उपलब्ध रहेंगी। उनकी अनुपस्थिति में, एक विकल्प के लिए उपयुक्त व्यवस्था की जानी चाहिए। वॉइसेस के दूसरे सदस्यों से मांगे हुए सहभागिता के बारे में कार्य प्रबंधक को कम से कम एक हफ्ते पहले सूचित किया जाएगा।

व्यावसायिक शुल्क

सलाहकारी कार्य की प्रकृति की वजह से, रीच काफी रियायती शुल्क लेगा। शुल्क का परिमाण, प्रबंधक के लिए ₹4,000 प्रति कार्य घंटे के दर से होगा और सलाहकार के लिए ₹3,000 प्रति कार्य घंटे के दर से होगा। चाहे जितने भी दिए गए घंटे हों, साझेदार के लिए निर्धारित शुल्क ₹20,000 होगा।

लेकिन, यात्राओं, टेलीफोन कॉलों, कार्यालय सामग्री, अगर ज़रूरत हो तो कंप्यूटर में काम में आने वाले उपकरण और सॉफ्टवेयर, और दूसरे आकस्मिक खर्चों के लिए अलग से, वास्तविक मूल पर आधारित लागत लिया जाएगा, जो ज़्यादा से ज़्यादा ₹30,000 प्रति महीना हो सकता है। यात्रा व्यय के नीयम, रीच कंसल्टेंट्स की 'यात्रा नीति-2003' के दस्तावेज़ में दिए गए हैं जो अनुबंध में शामिल हैं।

रीच कंसल्टेंट्स का परिचय

पिछले आठ सालों से रीच कंसल्टेंट्स विभिन्न सलाहकारी कार्यकलापों के साथ जुड़ा हुआ है। इनमें से काफी काम उन संगठनों के साथ किया गया है जो सामाजिक अभिप्रायों की ओर समर्पित हैं। यह बात इस संस्था के अंतर्निहित मूल्यों को दर्शाती है। रीच बहुत सारे

सामाजिक अभ्यासों के लिए प्रोक्सीस फाउंडेशन के साथ काम कर चुका है, जिनमें ग्रामीण भारत में प्राथमिक शिक्षा, महिला कल्याण और सामुदायिक विकास योजनाएं शामिल हैं।

इसके साथ-साथ, रीच ने संचार, ई-कॉमर्स और महाजनी के क्षेत्रों में वैश्विक संगठनों को, सलाहकारी सेवाएं सक्रिय रूप से दी हैं।

सलाहकार योग्यता

रीच के प्रबंधन साझेदार, श्री राजू एस. आर. के पास सामाजिक कल्याण और सामुदायिक कल्याण के क्षेत्रों में सलाहकारी का दस साल का अनुभव है। वह पांच साल से ज़्यादा, इन्डीया-हेल्प फाउंडेशन के सलाहकार मंडल के सदस्य रह चुके हैं। वह इस काम को सक्रिय रूप से अनुश्रवण करेंगे।

सामाजिक कार्य के प्रबंधक, श्री सत्यनारायणा टी., मोबाइल संचार के क्षेत्र में दस साल तक काम कर चुके थे, जिसके बाद सामाजिक समस्याओं के प्रति उनका जुनून उन्हें रीच कंसल्टेंट्स के रूप में खींच लाया।

श्री शंकर नरसिम्हन, श्री राहुल चौबे और श्री मनीष शर्मा के पास विभिन्न क्षेत्रों में सलाहकार के रूप में काम करने का बहुत तजुर्बा है। श्री राहुल चौबे को, कंसल्ट पत्रिका की ओर से, 'युवा सलाहकार- 2003' का पुरस्कार भी मिल चुका है।

परिशिष्ट 4

अपनी क्षमताओं और तत्परता का आत्मनिरीक्षण करने के लिए, निम्नलिखित सामग्री का इस्तेमाल करें। उसके बाद, दी गई कार्यपुस्तिका में एक पूर्ण प्रस्ताव लिखें।

आत्मनिरीक्षण

आपका नाम	
आपका पदनाम	
आपकी वर्तमान या पिछली परियोजना	
आपकी सहभागिता की प्रकृति	
आपने कितने प्रस्तावों का निर्देशन किया है?	
आप कितने प्रस्तावों के साथ जुड़ चुके हैं?	
क्या आपने ग्राहक के सामने प्रस्ताव को प्रस्तुत या उसकी प्रतिरक्षा की है?	
आपकी सफलता दर कितनी है? रखे गए प्रस्ताव बनाम सफल प्रस्ताव।	
आप अपनी संस्था को कौनसी विशिष्ट क्षमता देते हैं?	

परिशिष्ट 4

आपने पिछला प्रस्ताव किन कारणों के वजह से जीता था?	
उसने आपकी प्रतिष्ठा और आपके आत्मविश्वास को कैसे प्रभावित किया था?	
आपने पिछला प्रस्ताव किन कारणों की वजह से हारा था?	
अगर आप पिछला हारा हुआ प्रस्ताव फिर से लिख पाते, आप किस चीज़ पर ध्यान देना चाहते?	
वह कौनसी एक चीज़ है जो आप अपने प्रस्तावों में बदलना चाहेंगे?	
क्या कभी-कभी, समय बचाने के लिए, आप पिछले प्रस्तावों की नकल उतारते हैं?	
प्रस्ताव की तैयारी में ज़रूरी, कौन से कौशल की आप में कमी है?	

एक सफल होने वाला प्रस्ताव लिखना

प्रस्ताव रखने के लिए क्यों कहा गया है?
संभवतः बजट कितना होगा? आपको यह कैसे पता है?
क्या ग्राहक ने पहले भी इस प्रकार का कुछ किया है? विस्तार में लिखें।
जिस व्यक्ति के साथ आप बातचीत कर रहे हैं, उनकी विशिष्ट सोच क्या है? उनकी व्यावसायिक महत्वाकांक्षाएं क्या हैं? उनकी स्पष्ट और अंतर्निहित परियोजना सफलता मापदंड क्या हैं?

क्या किसी के पास अंदरूनी पहुंच है? कैसे? क्या आपके संगठन के पास अंदरूनी पहुंच है?
क्या यह संभव है की परियोजना को एकाधिक संगठनों के बीच में विभाजित किया जाए? अगर है, तो फिर वह कैसे होगा?
क्या कोई नैतिक, कानूनी और धार्मिक संघर्ष हैं?
क्या यह काम आपके व्यवसाय के लिए ज़रूरी है?

प्रक्रिया अभिविन्यास

प्रस्ताव लेखन की परियोजना कौन संभालेगा?	
प्रस्ताव के कार्यकारी अंश कौन लिखेगा?	
दल में किसे होना चाहिए?	
क्या आपके संगठन में नियंत्रित सांचे हैं? कहां ? नियंत्रणकर्ता कौन है?	
क्या आप ग्राफिक्स का इस्तेमाल करेंगे? क्या वह मानकीकृत हैं? ग्राफिक्स कौन बनाएगा?	
प्रस्ताव को कौन समाप्त करेगा? प्रस्ताव कौन रखेगा और कैसे?	
जीतने के लिए आपको और क्या करना होगा? (जीतने की कार्यनीति/युक्ति)	

प्रस्ताव की संरचना – दिखावट

- खाका
  - बुलेट्स
  - परिच्छेद शैली
  - हाशिया
  - स्पेसिंग
  - कॉलम
  - गोपनीयता की सूचना
  - फॉण्ट
  - भाषा
  - विराम चिह्न
  - ग्राफिक्स
  - प्रतीक चिह्नों (लोगो) का स्थानन
  - अनुभाग संख्यांकन
  - पद लेख (फुटर्स)
  - शीर्ष लेख (हेडर्स)
  - रंग
- कागज़ – आगे और पीछे और मूल विषय-वस्तु
- संस्करण नियंत्रण

लेखन की युक्तियाँ

- 'मैं' और 'हम' का इस्तेमाल न करें। <संस्था का नाम>कहें
- चालू भाषा का इस्तेमाल न करें। ("हम मस्त हैं!")
- अंग्रेजी में संक्षिप्त रूप का इस्तेमाल न करें। (जैसे It's, We'll, u आदि)

- कर्मवाच्य की जगह कर्तृवाच्य इस्तेमाल करें।
  - पंचर टायर को बदला शरद ने। (कर्मवाच्य)
  - *शरद ने पंचर टायर को बदला।* (कर्तृवाच्य)
  - एक चलचित्र, हमारे द्वारा आज रात को देखा जाएगा। (कर्मवाच्य)
  - *आज रात हम एक चलचित्र देखेंगे।* (कर्तृवाच्य)
  - दौड़ मेरे द्वारा रिकॉर्ड समय में ख़तम हुआ। (कर्मवाच्य)
  - *मैंने रिकॉर्ड समय में दौड़ को ख़तम किया।* (कर्तृवाच्य)
  - यह महत्वपूर्ण काम <संस्था का नाम> के द्वारा, उत्साहपूर्वक कार्यन्वित की जाएगी। (कर्मवाच्य)
  - *<संस्था का नाम> उत्साहपूर्वक, इस महत्वपूर्ण काम को कार्यन्वित करेगी।* (कर्तृवाच्य)
  - हाइवे का पूरा फैलाव कर्मी दल के द्वारा बनाया गया है। (कर्मवाच्य)
  - कर्मी दल ने हाईवे का पूरा फैलाव बनाया है। (कर्तृवाच्य)
  - उपन्यास, पिताजी के द्वारा एक दिन में पढ़ा गया। (कर्मवाच्य)
  - पिताजी ने एक दिन में उपन्यास पढ़ लिया। (कर्तृवाच्य)

परिशिष्ट 4

✓ **प्रावरण पत्र (cover letter)** (यह बाद में लिखें)। इसमें आभार शामिल करें। ग्राहक के संगठन के प्रति अपनी प्रतिबद्धता की पुनः पुष्टि करें और उत्साह जताएं। यह प्रस्ताव का अंश नहीं है पर उसके साथ शामिल होना चाहिए।

(अगर चाहें तो दूसरे पृष्ठ का इस्तेमाल करें। हालांकि प्रावरण पत्र संक्षिप्त होना चाहिए।)

✓ **कार्यकारी सारांश** (यह बाद में लिखें) ज़्यादा से ज़्यादा 2–3 पृष्ठ। महत्वपूर्ण तत्वों को उत्साहपूर्ण और आत्मविश्वास के साथ संबोधित करें। यह प्रावरण पत्र की तरह प्रोटोकॉल दस्तावेज़ नहीं है। मुख्य तत्वों को शामिल करें – समस्या की समझ (संक्षिप्त में), योग्यता, समय अवधि, समाधान का तरीका (यूएसपी (यूनिक सेलिंग पॉइंट्स) के साथ), व्यापारिक प्रभाव, मूल्य निर्धारण, प्रदेय वस्तु, समान काम का उदाहरण जिसका फल संतोषजनक रहा हो, दीर्घकालीन प्रतिबद्धता का पुन:कथन, इत्यादि।

(अगर ज़रूरत पड़े तो अतिरिक्त पृष्ठों का इस्तेमाल करें।)

✓ **भूमिका** – पृष्ठभूमि, प्रस्ताव लेखन के पीछे कारण का वर्णन। क्या पता चला? क्या कोई आरएफपी था? क्या कोई विचार-विमर्श किया गया था? क्या आपसे प्रस्ताव रखने का निवेदन किया गया था?

(अगर ज़रूरत पड़े तो अतिरिक्त पृष्ठों का इस्तेमाल करें)

✓ **समस्या की समझ** – आपकी समस्या की समझ का पुनःकथन। इस बात पर ज़ोर दें कि कैसे यह समस्या ग्राहक को और संभवतः ग्राहक के ग्राहक को, प्रभावित करती है।

(अगर ज़रूरत पड़े तो अतिरिक्त पृष्ठों का इस्तेमाल करें।)

✓ **समाधान की योजना** – यह एक कार्यकारी भाग है जिसमें आपको यह बताना है की आप ग्राहक के समस्या का समाधान कैसे करेंगे। संपूर्ण योजना, इस्तेमाल की जाने वाली कार्यप्रणाली, प्रदेय वास्तु, इत्यादि। **ग्राहक को इसी की ज़रूरत है। इसे काफी समय दें।** *स्वीकृति मानदंड शामिल करें।*

पहले, दांव पर जो लगा है उसे समझने के लिए, समस्या का चित्रालेख (ग्राफिक) बनाएं।

अब समाधान का चित्र बनाएं।

अब लिखें!

(अगर ज़रूरत पड़े तो अतिरिक्त पृष्ठों का इस्तेमाल करें।)

✓ **जोखिम और अल्पीकरण** – कौनसे जोखिम उठाने पड़ सकते है और उन्हें आप कैसे संबोधित करेंगे, इस बारे में विस्तार से लिखें। प्रयोजन में बदलाव और उसे संभालने की प्रक्रिया के बारे में (ख़ासतौर पर वित्तीय रूप से) ज़रूर लिखें।

(अगर ज़रूरत पड़े तो अतिरिक्त पृष्ठों का इस्तेमाल करें।)

✓ **परियोजना प्रबंधन और समय सीमाएं** – आप कितना समय लेंगे, कब क्या प्रदान किया जाएगा, निर्भरताएं क्या हैं। एक गैंट चार्ट देना अच्छा होगा, पर आप रचनात्मक भी हो सकते हैं।

(अगर ज़रूरत पड़े तो अतिरिक्त पृष्ठों का इस्तेमाल करें।)

✓ **संचालन-विधि** – काम को कैसे कार्यान्वित किया जाएगा और संभाला जाएगा? वृद्धि की संभावना क्या है? यह ध्यान रखें कि ग्राहक काम की गति का एक महत्वपूर्ण हिस्सा हो – उनका सहयोग सफलता या असफलता की चाबी है।

(अगर ज़रूरत पड़े तो अतिरिक्त पृष्ठों का इस्तेमाल करें।)

✓ **ग्राहक के बारे में हमारी समझ** – ग्राहक और उनकी कार्यनीति के बारे में आपको जो पता है वह संक्षेप में लिखें। हालांकि यह ग्राहक को, उन्हीं के बारे में बताना होगा, इसके द्वारा आपको यह समझाने में आसानी होगी कि आपका दिया हुआ समाधान कैसे उनकी मदद करेगा। ("अमुक के बारे में")

(अगर ज़रूरत पड़े तो अतिरिक्त पृष्ठों का इस्तेमाल करें।)

✓ **प्रशासनिक समस्याएं** – प्रस्ताव की वैधता, ग्राहक से उम्मीदें, अगर आप मौका पाने में सफल होते हैं तो चालान-अनुसूची, प्रचालन-तन्त्र (logistics), प्रदेय-वस्तुओं की स्वीकृत होने की मान्यताएं, कानूनी अधिकार क्षेत्र, भुगतान का प्रकार, इत्यादि।

(अगर ज़रूरत पड़े तो अतिरिक्त पृष्ठों का इस्तेमाल करें।)

✓ **हमारे विषय में** – अपनी संस्था के बारे में कहें। प्रबंधन संरचना, वृद्धि की कहानी, मूल्यों, ग्राहक, प्रशंसाएं और मीडिया और विश्लेषक द्वारा उल्लेखों को शामिल करें।

(अगर ज़रूरत पड़े तो अतिरिक्त पृष्ठों का इस्तेमाल करें।)

✓ **मामले का अध्ययन (case study) और संदर्भ – प्रासंगिक** मामलों के अध्ययनों और सन्दर्भों को शामिल करें। मानक प्रारूप!

(अगर ज़रूरत पड़े तो अतिरिक्त पृष्ठों का इस्तेमाल करें।)

✓ **वित्तीय परिस्थिति** – कुछ मामलों में तकनीकी प्रस्ताव के साथ वित्तीय मामले **नहीं** रखे जाते। कब, कितना भुगतान देना होगा। लक्ष्य में बदलाव के मामले में क्या होगा? कर और लागत के बारे में स्पष्ट रूप से लिखें। ख़राब प्रदर्शन पर अर्थदंड को भी संबोधित करें।

(अगर ज़रूरत पड़े तो अतिरिक्त पृष्ठों का इस्तेमाल करें।)

✓ **परिशिष्ट**

- कार्य अनुभव – प्रासंगिक अनुभवों के साथ और संक्षिप्त
- अगर ज़रूरत हो तो कार्यप्रणाली का विवरण
- प्रासंगिक कार्यपत्रक (worksheets)
- प्रस्ताव से प्रासंगिक कुछ और तत्व जिनमें कानूनी पहलू और प्रमाणपत्र, गैर प्रकटीकरण समझौता, अगर लागू हो तो द्वंद्वों/मतभेदों का खुलासा, शामिल हैं।

(अगर ज़रूरत पड़े तो अतिरिक्त पृष्ठों का इस्तेमाल करें।)

✓ **गुणवत्ता जांच** – भाषा, प्रस्तावित समाधान, समय सीमा (शुरू और काम को पूरा करने के लिए), वित्तीय परिस्थिति, जोखिम और अल्पीकरण, कार्य अनुभव, ऐसे किसी भी ग्राहक के बारे में न लिखें, जिससे लगे कि कहीं से नकल की गई है।

(अगर ज़रूरत पड़े तो अतिरिक्त पृष्ठों का इस्तेमाल करें।)

✓ **गनिंग फॉग गणना** – समझ की जटिलता को काम करें।

http://gunning-fog-index.com/

मूल दस्तावेज़ को किसी भी तरह से 8–10 तक ले आएं।

(अगर ज़रूरत पड़े तो अतिरिक्त पृष्ठों का इस्तेमाल करें।)

✓ **विषय-सूची (Table of Contents) (टीओसी) – बनायें** – *मूक (डमी) पृष्ठ संख्या का इस्तेमाल करें।*

(अगर ज़रूरत पड़े तो अतिरिक्त पृष्ठों का इस्तेमाल करें।)

✓ **दस्तावेज़ का मुखपृष्ठ, पहला पृष्ठ और पीछे का पृष्ठ बनाएं** – आसान लगता है? नहीं! पहला प्रभाव महत्वपूर्ण होता है।

मुखपृष्ठ

पीछे का पृष्ठ (बैक कवर)

पहला पृष्ठ – जब आप खोलें

✓ **समीक्षा** – आरएफपी की ज़रूरतों का अनुपालन, समाधान, संचालन-विधि, पठनीयता, प्रस्ताव के दस्तावेज़ की व्यवस्था, वित्तीय परिस्थिति, मामले का अध्ययन – प्रतिद्वंद्वियों पर विशेष ध्यान दें।

(अगर ज़रूरत पड़े तो अतिरिक्त पृष्ठों का इस्तेमाल करें।)

✓ **केएम डेटाबेस में दाखिल हों** – गोपनीयता सुनिश्चित करने की प्रक्रिया।

(अगर ज़रूरत पड़े तो अतिरिक्त पृष्ठों का इस्तेमाल करें।)

✓ **प्रस्तुतिकरण प्रक्रिया** – प्रस्ताव प्रस्तुत करने के लिए आप क्या करेंगे? ई-मेल? पीडीएफ़? पासवर्ड? प्रिंट आउट? प्रतिलिपियां? सहायक? जिल्दबंजी (binding)? कुरियर?

(अगर ज़रूरत पड़े तो अतिरिक्त पृष्ठों का इस्तेमाल करें।)

✓ **अगले कदम** – यह प्रस्ताव का हिस्सा नहीं हैं, पर आपके लिए प्रस्ताव प्रस्तुतिकरण प्रक्रिया और आगे की अपेक्षित घटनाओं को जानना, ज़रूरी है। आप कौन से सक्रिय कदम उठाएंगे?

प्रस्ताव जांच सूची

यह मौका		
हमारी विशेषज्ञता के क्षेत्र में है	हां	नहीं
वित्तीय रूप से आकर्षक है	हां	नहीं
विशेषज्ञता बढ़ाएगी या दूसरे मौके जिताएगी	हां	नहीं
हम प्रतिस्पर्धी परिदृश्य जानते हैं	हां	नहीं
हम निकटतम प्रतिद्वंद्वी को जानते हैं	हां	नहीं
प्रावरण पत्र (कवर लेटर) शामिल है	हां	नहीं
ग्राहक का प्रतिचित्रण (मैपिंग) हो चुका है	हां	नहीं
हम बजट जानते हैं	हां	नहीं
कार्यकारी सारांश हो चुका है	हां	नहीं
'हमारे विषय में' अनुभाग शामिल है	हां	नहीं
हमारी समस्या की समझ शामिल है	हां	नहीं
समाधान प्रक्रिया चित्रलेख के साथ शामिल है	हां	नहीं
परियोजना प्रबंधन और समय क्रम	हां	नहीं
संचालन संरचना	हां	नहीं
पिछले अनुभव दस्तावेज़ में शामिल हैं	हां	नहीं
सन्दर्भ और मामले के अध्ययन मौजूद हैं	हां	नहीं
मुख्य कार्यकर्ताओं का सक्षिप्त कार्य अनुभव	हां	नहीं
वित्तीय प्रस्ताव शामिल है	हां	नहीं
टीओसी बनाई गई है	हां	नहीं
फॉग इंडेक्स जांचा गया है	हां	नहीं
खाका (लेआउट)	हां	नहीं
चित्रालेख (ग्राफिक्स)	हां	नहीं
प्रतीक चिह्न (लोगो)	हां	नहीं
रंग अनुरूपता	हां	नहीं
अनुभाग संख्यांकन और टीओसी	हां	नहीं
वर्तनी जांच	हां	नहीं
भाषा व्याकरण वर्तनी जांच	हां	नहीं

परिशिष्ट 4

फॉण्ट अनुरूपता	हां	नहीं
प्रासंगिक मान्यता	हां	नहीं
चालान-सूची (इनवॉइसिंग शेड्यूल)	हां	नहीं
भुगतान का प्रकार	हां	नहीं
कानूनी अधिकार क्षेत्र	हां	नहीं
वैधता	हां	नहीं
टीओसी जांच	हां	नहीं
प्रस्ताव समीक्षा	हां	नहीं
प्रस्तुतिकरण प्रक्रिया हो चुकी है	हां	नहीं
अनुवर्तन हो चुका है	हां	नहीं
दस्तावेज़ नियंत्रण – केएम में प्रस्तुतिकरण और प्रतिबंधों का प्रयोग	हां	नहीं

लेखक परिचय

वासुदेव मूर्ति को तकनीक, प्रबंधन और प्रशिक्षण का तीस से अधिक वर्षों का अनुभव है। वे 1997 से भारतीय प्रबंध संस्थान, बैंगलोर में अतिथि शिक्षक के रूप में 'एलिमेंट्स ऑफ़ मैनेजनमेंट कंसल्टिंग' नामक वैकल्पिक पाठ्यक्रम का शिक्षण कर रहे हैं। हाल ही में वे इंस्टीट्यूट फ़ॉर प्रोडक्ट लीडरशिप, बैंगलोर से बतौर व्याख्याता जुड़े हैं, जहां वे करियर प्रबंधन, मार्केटिंग और रणनीतिक परामर्श विषयों पर बोलते हैं।

उनके पास एनईसी अमेरिका, एटी एंड टी, डेलॉइट और तूशे तथा विप्रो कंसल्टिंग सर्विसेस के साथ काम करने का भी अनुभव है। विप्रो कंसल्टिंग सर्विसेस में उन्होंने हेड ऑफ़ ऑपरेशन्स के पद पर कार्य किया और उसके बाद पीएंडएल अथॉरिटी में फंक्शनल कंसल्टिंग के लिए बतौर सीनियर प्रैक्टिस पार्टनर कार्य किया।

विशेषज्ञ प्रशिक्षक और नेतृत्व प्रशिक्षक के रूप में उन्होंने रणनीतिक डिजाइन से लेकर क्रियान्वयन तक, सैकड़ों वर्कशॉप्स का आयोजन किया है। श्री मूर्ति ने संगीत, अपराध, हास्य और प्रबंधन विषयों पर कई पुस्तकों का लेखन किया है। इनमें 'व्हाट रागास टोल्ड मी', 'शरलॉक होम्स इन जापान', 'द टाइम मर्चेंट्स एंड अदर स्ट्रेंज टेल्स' और 'हाउ ऑर्गनाइज़ेशंस रियली वर्क' पुस्तकें शामिल हैं।